**Sean Covey**

Die 7 Wege zur Effektivität für Jugendliche

AF645423

*»Dieses Buch hat mein Sohn Sean geschrieben. Im Gegensatz zu meinem eigenen 7-Wege-Buch ist es speziell für Teenager gemacht. Hier warten witzige Comics, clevere Ideen und viele Geschichten von Jugendlichen aus der ganzen Welt auf dich. Auch wenn das jetzt vielleicht ein bisschen voreingenommen klingen mag: Ich finde, es ist ein richtig tolles Buch, das du unbedingt lesen solltest. Und, Sean, ich wusste gar nicht, dass du mir je zugehört hast!«*

Dr. Stephen R. Covey (1931–2012), Vater von Sean Covey, Autor des New-York-Times-Bestsellers *Die 7 Wege zur Effektivität*, Gründer und langjähriger Vizepräsident von FranklinCovey Co.

*»Bücher sind die beste Nahrung fürs Gehirn.«*
SEAN COVEY

**Weitere Bücher von Sean Covey**

*Die 6 wichtigsten Entscheidungen für Jugendliche*

*Die 7 Wege zur Effektivität für Studenten*

**Bücher von Stephen R. Covey**

*Die 7 Wege zur Effektivität*

*Die 7 Wege zur Effektivität – Workbook*

*Die 7 Wege zu glücklichen Beziehungen*

*Die 7 Wege zur Effektivität für starke Familien*

*Wie man ein persönliches Leitbild entwickelt*

*Die 12 Gründe des Gelingens*

Sean Covey

# Die 7 Wege zur Effektivität für Jugendliche

## So lebst du deine Ziele und Träume

Mit einem Vorwort von Tobias Beck

12. Auflage

Aus dem Amerikanischen
von Nikolas Bertheau

GABAL FranklinCovey®

Die amerikanische Originalausgabe »The 7 Habits of Highly Effective Teens« erschien 1998 bei Simon & Schuster, New York, USA.



Bibliografische Information der Deutschen Nationalbibliothek

Die Deutsche Nationalbibliothek verzeichnet diese Publikation in der Deutschen Nationalbibliografie; detaillierte bibliografische Daten sind im Internet über http://dnb.d-nb.de abrufbar.

ISBN 978-3-86936-940-2

Lektorat: Claudia Franz, Oberstaufen | info@text-it.org
Umschlaggestaltung: total italic (Thierry Wijnberg), Amsterdam/Berlin | www.totalitalic.com
Titelabbildungen: Irina Adamovich / Shutterstock
Illustrationen: Timo Würz | www.timowuerz.com
Autorenfoto: Zac Cheney
Satz und Layout: Das Herstellungsbüro, Hamburg | www.buch-herstellungsbuero.de
Druck und Bindung: Salzland Druck GmbH & Co. KG, Löbnitzer Weg 10, D-39418 Staßfurt, vertrieb@salzland-druck.de

12. Auflage 2025


Wir drucken in Deutschland.

www.gabal-verlag.de
www.gabal-magazin.de
www.franklincovey.de
www.franklincovey.com

PEFC-zertifiziert
Dieses Produkt stammt aus nachhaltig bewirtschafteten Wäldern und kontrollierten Quellen
PEFC/04-31-2251
www.pefc.de

# Was dich erwartet

# Wer bin ich?

Ich bin dein ständiger Begleiter. Ich bin deine größte Hilfe und dein größter Stolperstein. Ich bringe dich vorwärts und ich bremse dich aus. Du hast vollkommene Macht über mich. Das meiste, was du tust, kannst du getrost mir überlassen. Ich erledige alles schnell und zuverlässig für dich.

Zeig mir einfach, wie ich etwas machen soll. Du wirst sehen, schon bald kann ich es ganz allein. Ich bin die ständige Begleiterin aller, die Erfolg im Leben haben. Und die Erfolglosen? Sie verdanken mir ihren Misserfolg.

Ich bin keine Maschine. Aber ich arbeite mit der Präzision einer Maschine und der Intelligenz eines Menschen. Du kannst mich zu deinem Vorteil oder zu deinem Nachteil einsetzen. Was auch immer du tust – für mich macht das keinen Unterschied.

Arbeite konsequent mit mir und ich lege dir die Welt zu Füßen. Aber geh niemals zu lasch mit mir um. Denn dann bin ich dein Untergang.

**Wer bin ich?**

# Ich bin die Gewohnheit.*

* Warum die Gewohnheit direkt am Anfang dieses Buches steht? Ganz einfach: Im Englischen heißt dieses Buch *The 7 Habits of Highly Effective Teens*. »Habits« bedeutet Gewohnheit. Die 7 Wege sind im Grunde genommen 7 Gewohnheiten, die Teenagern dabei helfen, ihre Ziele und Träume zu leben.

*Für Mama, zum Dank für all die Liebe, die Schlaflieder und die mitternächtlichen Gespräche*

# Vorwort von Tobias Beck

Einen Fahrplan für das Leben als Erwachsener – was soll ich denn ausgerechnet jetzt damit, das Leben ist doch gerade sowieso schon kompliziert genug? Vielleicht ist das ein Gedanke, der dir gerade durch den Kopf geht. Das kann ich gut nachvollziehen. Die Welt und all die Ansprüche, die an dich gestellt werden, erscheinen dir komplex und schwer zu durchschauen – und das sind sie. Wie hilfreich kann es da sein, ein Navigationssystem durch diesen Dschungel zu haben! Und soll ich dir etwas verraten? Dieses Navigationssystem liegt genau in dir. Alle Fähigkeiten, die du dafür brauchst, hast du immer bei dir, und dieses Buch ist wie ein Tutorial, ein Let's-play-Video bei YouTube, das dir alle Tricks verrät, um den richtigen Kurs einzuschlagen und beizubehalten.

Meine Schulzeit liegt schon ein paar Jahre zurück. Doch aus meinem Privatleben und meiner Arbeit bei der Masterclass of Personality Youngstars weiß ich, dass sich nicht viel an den Schwierigkeiten geändert hat, die dieses System für viele junge Menschen bereithält. Ich wünsche mir rückblickend, dieses Buch, das du gerade in deinen Händen hältst, gehabt zu haben. Nach insgesamt zehn Schulwechseln, neun Sackgassen und zehn Neuanfängen war von meinem Selbstbewusstsein und meiner inneren

Richtlinie nicht mehr viel übrig. All diese Jahre haben mir Orientierung genommen, und kaum jemand konnte mir zeigen, wie ich meine Fähigkeiten für mein Glück und meinen Erfolg nutze. Im Gegenteil: Die meisten Menschen sahen in mir nicht einmal die Fähigkeiten dafür. Was nach all diesen Jahren übrig blieb? Ein maximal verwirrter Jugendlicher ohne das Gefühl, dass es eine Perspektive für ihn gibt, und ohne Glauben an sich selbst. Anscheinend hatten alle um mich herum einen Plan für ihr Leben – nur ich hatte keinen.

Ich weiß nicht genau, wie dieses Buch in deine Hände gelangt ist. Vielleicht hast du aus eigenem Interesse danach gegriffen, vielleicht wurde es dir empfohlen, geschenkt oder von deinen Eltern aufgedrängt. Vielleicht stehst du an einem ähnlichen Punkt wie ich vor vielen Jahren, an dem du zutiefst verunsichert bist. Ganz egal, was dich dahin geführt hat, jetzt diese Zeilen zu lesen, ist genau richtig. Ergreife die Chance, die in deinen Händen liegt. Die Chance, dein Leben zu gestalten – bevor andere es tun.

Ich habe Stephen R. Coveys »Die 7 Wege zur Effektivität« – also die Version dieses Buchs für Erwachsene, das der Vater des Autors geschrieben hat – direkt nach dem Abitur während meines Zivildienstes geschenkt bekommen. Und es war wie die Antwort auf alle meine Fragen nach Richtung und Orientierung. Es ist nicht so, als hätten meine Eltern nicht versucht, mir ein Kompass und Leitplanken auf meinem Weg zu sein. Aber vielleicht kennst du das? Seinen Eltern hört man in der Regel nicht allzu gerne zu – das war bei mir nicht anders. Aber dieses Buch besaß auf einmal die Kraft einer neutralen, unabhängigen Person, die wohlwollend das ganze Wissen für mich bereithielt, das mir fehlte, ohne dass ich es geahnt habe.

Ich begann, mich mit den Prinzipien und den Zentren meines Lebens auseinanderzusetzen und startete endlich mit der Ausrichtung meines inneren Navigationssystems. Ich fing an, mir grundsätzliche Fragen zu stellen: Was will ich? Was will ich nicht? Wem will ich gefallen und warum? Das Buch legte mir kleine, einfache, aber hochwirksame Werkzeuge in die Hand, die mein Leben grundlegend verändert und über die Jahre neu geprägt haben: Lebe pro-aktiv. Sag etwas Positives über dich. Lobe andere. Diesen Richtlinien folge ich noch heute.

Die ersten Tage mit diesem Buch waren sehr anstrengend für mich. Ich tauchte in eine neue Welt ein und begann zaghaft, die ersten

Schritte zu gehen. Doch ich blieb dran, und irgendwann fing ich damit an, die Inhalte unbewusst anzuwenden und in mein Leben zu integrieren. Mit der Zeit setzte ich mehr und mehr Aspekte um, es wurde immer einfacher und selbstverständlicher.

Ganz egal, ob du dieses Buch verschlingst oder eher skeptisch angehst – du musst nicht alles gleichzeitig umsetzen. Jeder noch so kleine Schritt führt dich heute und in ein paar Jahren näher an dein Ziel, auch wenn du es von deiner jetzigen Perspektive aus nicht immer genau erkennen kannst. Hab Vertrauen in dich und in den Prozess. Vor dir liegt eine Schritt-für-Schritt-Anleitung für ein erfolgreiches Leben. Sie deckt alle Bereiche ab und möchte der Fahrplan für deine Zukunft sein, den du selbst entwirfst. Denn du hast Einfluss, auch wenn dir das nicht immer so vorkommt. Du hast Einfluss auf dein eigenes Leben und auf das anderer Menschen. Dieses Buch fordert immer wieder dazu auf, über diesen immensen Einfluss nachzudenken, und das beeindruckt mich sehr. Lerne, diesen Einfluss wahrzunehmen, ihn zu spüren und konstruktiv zu nutzen. Denn letztendlich dreht sich alles immer um das gemeinsame Handeln und die Nachhaltigkeit. Wenn du früh lernst, wie du gut und authentisch mit den Menschen um dich herum kommunizierst, hältst du einen grundlegenden Schlüssel für deinen Erfolg in den Händen – in allen Lebensbereichen, nicht nur im Beruf.

Bei all den Anforderungen, die das Leben und die Gesellschaft an dich stellen: Es ist wichtig, ein Träumer zu bleiben und sich nicht von Erwachsenen die Kreativität nehmen zu lassen. Du bestimmst über dein Leben, mit jedem Tag mehr. Ich habe mich bis heute erfolgreich geweigert, wie die allermeisten Erwachsenen da draußen zu werden, ich »leide« am Peter-Pan-Syndrom, und das ist auch gut so. Deshalb lese ich heute am allerliebsten die Version des Buchs für Jugendliche, die Version, die du in deinen Händen hältst. Wenn dieses Buch nicht in mein Leben getreten wäre, wäre ich heute nicht da, wo ich bin.

Ich wünsche dir viel Mut, Kraft und Freude für deinen Weg! Für weitere Erfolgsimpulse auf deinem Weg würde ich mich freuen, dich bei Instagram zu sehen.

Dein Tobias Beck

# Bevor es losgeht …

… noch ein paar Worte zu den *7 Wegen zur Effektivität für Jugendliche.* Seit der ersten Ausgabe dieses Buchs hat sich die Welt im Rekordtempo verändert. Damals gab es weder Smartphones noch WhatsApp, weder Facebook noch Instagram, weder Twitter noch Netflix, weder Amazon noch Google.

Trotz aller Veränderungen ist vieles gleich geblieben – zum Beispiel unsere Entscheidungsfreiheit. Wir können noch immer selbst bestimmen, was wir aus unserem Leben machen wollen. Auch Beziehungen sind so wertvoll wie eh und je. Und dann sind da noch *grundlegende Prinzipien* wie Ehrlichkeit, Verantwortungsbewusstsein, Teamgeist oder Engagement für andere. Diese Prinzipien sind nach wie vor gültig und sie werden es auch immer bleiben.

Die 7 Wege beruhen auf den zeitlosen Prinzipien, von denen ich gerade gesprochen habe. Deshalb sind sie nach wie vor aktuell. Mehr noch: *Je schneller die Welt sich verändert, desto wichtiger ist es, dass wir uns an die 7 Wege halten.* Auch in Zukunft wird es darauf ankommen, dass wir pro-aktiv sind und unser Leben selbst in die Hand nehmen. Und es wird sicher auch in vielen Jahren noch sehr hilfreich sein, den anderen erst zu verstehen, bevor wir ihm unsere Sicht der Dinge vermitteln wollen. Deshalb bin ich sicher, dass die 7 Wege uns immer begleiten werden.

In den letzten Jahren habe ich unzählige Zuschriften von Jugendlichen aus der ganzen Welt bekommen. Beim Lesen sind mir drei Punkte besonders aufgefallen:

1. Jeder hat **Beziehungsprobleme** – mit Freunden, Eltern, Großeltern, Geschwistern, Tanten, Onkeln oder wem auch immer. Wenn es dir auch so geht, bist du nicht allein: Willkommen im Klub!

2. Fast alle Jugendlichen haben einen **großen Wunsch**: Sie wollen etwas in ihrem Leben verändern. Manche wollen vom Alkohol oder von Drogen wegkommen. Einige wollen in der Schule besser werden, abnehmen oder selbstbewusster sein. Und was ist mit dir? Vielleicht gibt es ja auch in deinem Leben etwas, das besser werden soll?

3. **Die 7 Wege sind eine echte Hilfe.** Ja, sie wirken sogar extrem gut! Beispielsweise ermöglichen sie es dir, Enttäuschungen zu überwinden, echte Freunde zu finden, bessere Entscheidungen zu treffen, weniger Stress mit der Schule zu haben oder dein Leben in die eigene Hand zu nehmen. Und, ob du es jetzt glaubst oder nicht, die 7 Wege helfen dir sogar, besser mit deinen Eltern klarzukommen.

Es gibt viele Dinge, die dir Stress machen können. An manchen Tagen fühlst du dich einfach nur schlecht. Irgendwer wirft dir fiese Sachen an den Kopf. Deine Eltern streiten ständig oder trennen sich. Jemand, der dir sehr wichtig ist, wird krank oder stirbt. Und in der Welt da draußen sind Kriege, Terrorismus, Kriminalität, Mobbing und noch viele andere schlimme Sachen.

Trotzdem glaube ich, dass es seit Bestehen der Welt keine bessere Zeit gab, um ein richtig tolles Leben zu führen. Jeder von uns hat mehr Freiheiten und mehr Chancen als je zuvor in der Geschichte der Menschheit.

Die neuen Technologien bieten uns ungeahnte Möglichkeiten. Denk doch nur mal ans *Internet*. Es öffnet dir die Tür zur Welt. Willst du etwas über die Mythologie der alten Griechen wissen? Dann frag einfach Wikipedia. Möchtest du Gitarre spielen lernen, einen Käsekuchen backen oder einen Hubschrauber fliegen (Letzteres würde ich dir übrigens nicht so ohne Weiteres empfehlen ...)? Kein Problem – schau doch mal bei YouTube nach. Mit deinem Smartphone kannst du in Sekundenschnelle eine 7-Tage-Wettervorhersage für Shanghai abrufen, ein animiertes Video von deinem Hund drehen oder dir eine Karte von einer x-beliebigen Straße irgendwo auf der Welt ansehen.

Das *Tempo* der Veränderungen nimmt immer weiter zu. Was heute in Indien und China passiert, wirkt sich schon morgen auf die ganze Welt aus. Unternehmen wie Amazon oder Alibaba entstehen gleichsam aus dem Nichts und werden im Handumdrehen zu globalen Giganten.

Natürlich haben wir heute mit vielen Problemen zu kämpfen. Doch wir haben auch *unglaublich viele Chancen*. Es gibt so vieles, was wir tun können. Ein kluger Unternehmer meinte: »Das Leben heute ist einfach wunderbar. Wir können zehnmal mehr bewegen als in den früheren, langsameren Zeiten.«

Also, nutz deine Chance. Ich wünsche dir viel Spaß mit der neuen Ausgabe der *7 Wege zur Effektivität für Jugendliche* und alles erdenklich Gute auf deinem Weg in eine spannende, glückliche und erfolgreiche Zukunft.

Dein Sean

# Teil 1: Die Basics

## Routine ist (fast) alles

Erfolg oder Misserfolg? Gewohnheiten machen den Unterschied!

## Du bekommst, was du siehst

Die Sache mit den Paradigmen und Prinzipien

# Routine ist (fast) alles

## Erfolg oder Misserfolg? Gewohnheiten machen den Unterschied!

Hallo! Mein Name ist Sean und ich habe dieses Buch geschrieben. Natürlich weiß ich nicht, von wem du es bekommen hast. Aber ich bin froh, dass es bei dir gelandet ist. Jetzt musst du es nur noch lesen.

Viele Teenager sind echte Leseratten. Aber mal ganz ehrlich – bei mir war das nicht der Fall. Und bei dir? Liest du auch nicht besonders gerne? Dann verstaubt dieses Buch wahrscheinlich schon bald in irgendeiner Ecke. **STOPP!** Wenn du weiterliest, verspreche ich dir, dass du dich nicht langweilen wirst. Damit du Spaß beim Lesen hast, habe ich witzige Cartoons, gute Ideen, schlaue Sprüche und viele Geschichten von Jugendlichen aus der ganzen Welt in dieses Buch gepackt. Zudem warten einige Überraschungen auf dich. *Gibst du mir eine Chance?*

Okay! Dann zurück zum Buch. Es beruht auf einem Buch mit dem Titel *Die 7 Wege zur Effektivität*, das mein Vater Stephen R. Covey vor vielen Jahren geschrieben hat. Erstaunlicherweise wurde es einer der größten Bestseller aller Zeiten! Diesen Erfolg verdankt mein Vater auch mir und meinen Geschwistern. Denn wir waren seine Versuchskaninchen. An uns hat er seine Ideen zuerst getestet. Aber keine Sorge. Wir haben alles gut überstanden!

Und warum habe ich *Die 7 Wege zur Effektivität für Jugendliche* geschrieben? Das Buch meines Vaters ist für ältere Leute gedacht und manchmal ziemlich trocken. Der Inhalt ist allerdings richtig gut. Deswegen wollte ich das Ganze speziell für Jugendliche aufbereiten. Denn das Leben ist kein Spielplatz. Das gilt ganz besonders für Teenager. Die Welt da draußen ist ein echter Dschungel! Mein Buch soll ein *Kompass* für dich sein, der dich sicher durch diesen Dschungel führt. Ich selbst erinnere mich noch genau an meine Teenager-Zeit. Eine wilde Achterbahnfahrt! Oft frage ich mich, wie ich das alles überlebt habe. Und manchmal war es ganz schön knapp …

Für dieses Buch habe ich mit vielen Teenagern gesprochen. Sie haben mir von ihren Problemen erzählt. Sicher kennst du die folgenden typischen Teen-Probleme auch nur allzu gut:

» *Wie kann ich mich gut fühlen, wenn ich dauernd von mir selbst enttäuscht bin? Immer ist da ein anderes Mädchen, das klüger ist, besser aussieht oder beliebter ist als ich. Oft denke ich: ›Hätte ich nur ihre Haare, ihre Klamotten oder ihren Freund, dann wäre alles sehr viel leichter für mich.‹* «

» *Meine Eltern gehen mir echt auf die Nerven. Ständig meckern sie an mir rum. Ich kann ihnen einfach nichts recht machen.* «

» *Ich muss einfach alles ausprobieren – Drogen, Alkohol, Sex … Wenn ich mit meinen Freunden zusammen bin, will ich so sein wie sie. Ich mache alles mit, was die anderen auch machen.* «

» *Ich muss endlich abnehmen. Ich glaube, das ist mein fünfter Versuch in diesem Jahr. Ich will es wirklich. Aber ich halte nicht durch. Und dann fühle ich mich wieder mal total schlecht.* «

» *Ich bin oft launisch und mies drauf. Ich kann mich selbst nicht leiden, hab aber keine Ahnung, was ich dagegen tun kann.* «

So ist das Leben! Aber es gibt einige Tools, mit denen du die großen und kleinen Probleme des Lebens in den Griff bekommst. Welche Tools das sind? Die 7 Wege zur Effektivität für Jugendliche – sieben Gewohnheiten, die glückliche, erfolgreiche Teens auf der ganzen Welt gemeinsam haben.

Hier sind sie – immer mit einer kurzen Erklärung:

**1. Weg: Pro-aktiv sein**
Sitz nicht einfach nur rum, sondern nimm dein Leben selbst in die Hand.

**2. Weg: Schon am Anfang das Ende im Sinn haben**
Überleg dir, was du aus deinem Leben machen und welche Ziele du erreichen willst.

**3. Weg: Das Wichtigste zuerst tun**
Setz Schwerpunkte und mach das, was wirklich wichtig für dich ist.

**4. Weg: Win-Win-Denken**
Denk dran: Keiner muss verlieren. Alle können gewinnen.

**5. Weg: Erst verstehen, dann verstanden werden**
Überleg mal, wieso du zwei Ohren, aber nur einen Mund hast.

**6. Weg: Synergien schaffen**
Hol dir Unterstützung: Gemeinsam mit anderen kannst du viel mehr erreichen.

**7. Weg: Die Säge schärfen**
Hier geht's um dich: Nimm dir Zeit für dich selbst und lade deinen Akku regelmäßig auf.

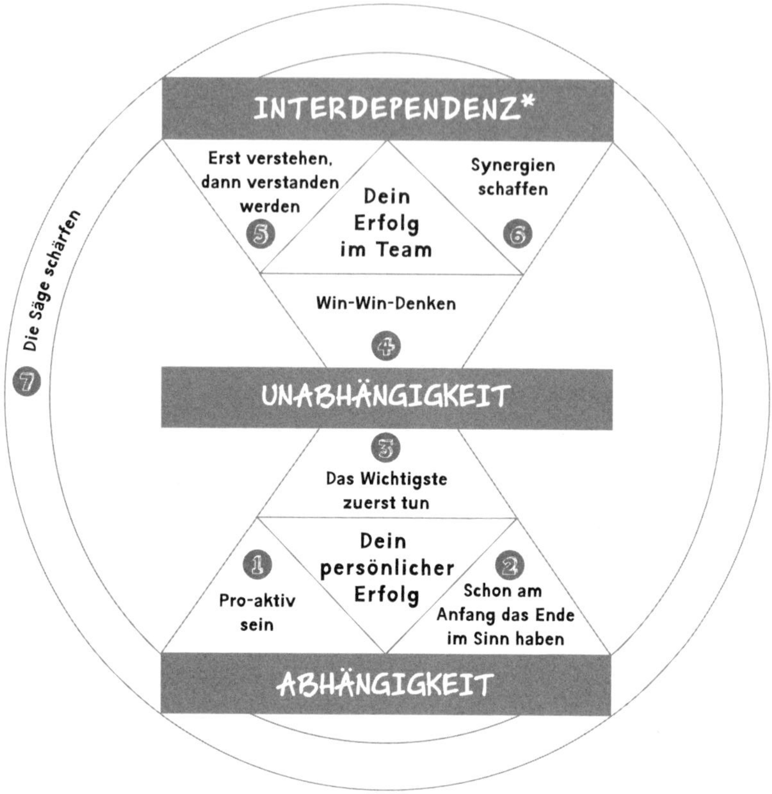


**Das Paradigma der 7 Wege**

Wie du siehst, bauen die 7 Wege aufeinander auf. Bei den Wegen 1 bis 3 stehst du selbst im Mittelpunkt. Hier geht es um deinen ganz *persönlichen Erfolg*. Bei den Wegen 4 bis 6 dreht sich alles um deine Beziehungen zu anderen und deinen *Erfolg im Team*. Nur wenn du gut mit dir selbst umgehst, kannst du auch ein guter Teamplayer sein. Deshalb kommt dein persönlicher Erfolg vor deinem Erfolg im Team. Konkret heißt das: *Dein Erfolg im Team baut auf deinem persönlichen Erfolg auf!*

---

* Wechselseitige Abhängigkeit, um gemeinsam mit anderen mehr zu erreichen.

*Der 7. Weg umschließt alle anderen.* Hier geht es um dein Fresh-up, deine regelmäßigen Auszeiten, um deinen Akku wieder aufzuladen. Das gibt dir die nötige Power für die anderen sechs Wege.

## Was sind eigentlich Gewohnheiten?

Gewohnheiten sind Dinge, die wir immer wieder machen. Meistens sind wir uns gar nicht bewusst, dass wir Gewohnheiten haben. Sie laufen ganz automatisch ab.

Manche Gewohnheiten sind nützlich – zum Beispiel:

- Du machst regelmäßig Sport.
- Du planst deinen Tag oder deine Woche im Voraus.
- Du begegnest anderen mit Respekt und Rücksicht.

Andere Gewohnheiten sind eher hinderlich:

- Du denkst ständig an negative Dinge.
- Du fühlst dich schlecht und minderwertig.
- Du schiebst anderen die Schuld für deine Fehler in die Schuhe.

Viele Gewohnheiten spielen gar keine Rolle. Du hast sie einfach nur so:

- Du duschst abends vor dem Schlafengehen.
- Du trägst deine Uhr am rechten Handgelenk.
- Du hörst Musik, während du Sport machst.

Ob Erfolg oder Misserfolg: Beides hängt von unseren Gewohnheiten ab. *Zum Glück bist du stärker als deine Gewohnheiten.* Du kannst sie ändern. Hast du Lust auf ein kleines Experiment? Dann verschränke jetzt bitte deine Arme. Gut! Und jetzt versuch mal, das Ganze andersherum zu machen. Fühlt sich irgendwie seltsam an? Wenn du deine Arme einen Monat lang andersherum verschränken würdest, würde dir das gar nicht mehr komisch vorkommen. Es wäre dann einfach eine neue Gewohnheit.

Du hast immer die Chance, dich vor den Spiegel zu stellen und zu sagen: »He, das gefällt mir nicht!« Und dann kannst du eine schlechte durch eine gute Gewohnheit ersetzen. Das ist nicht immer einfach, aber es geht. Natürlich wirst du nicht alle Ideen aus diesem Buch haarklein umsetzen können. Doch es wird dein Leben schon enorm verbessern, wenn du einige der 7 Wege, die ja alle auch Gewohnheiten sind, beherzigst.

## Die 7 Wege helfen dir:

- die Kontrolle über dein Leben zu bekommen,
- deine Beziehungen zu verbessern,
- klügere Entscheidungen zu treffen,
- zu erkennen, was dir im Leben wirklich wichtig ist,
- in weniger Zeit mehr zu erreichen,
- dein Selbstvertrauen zu stärken,
- ausgeglichener und glücklicher zu werden.

Und noch was: Das ist **dein Buch.** Deshalb solltest du es auch wirklich nutzen. Nimm dir einen Stift oder einen Textmarker, und heb alles hervor, was dir wichtig erscheint. Unterstreiche oder umkringle die Ideen, die dir am besten gefallen. Mach dir Anmerkungen am Rand. Und setz die »kleinen Schritte« am Ende der einzelnen Kapitel gleich in die Tat um. Arbeite mit diesem Buch. Dann wird es dich auch weiterbringen.

# Du bekommst, was du siehst

## Die Sache mit den Paradigmen und Prinzipien

Die folgende Liste enthält Äußerungen, die anerkannte Fachleute vor vielen Jahren gemacht haben. Damals hörten sie sich durchaus vernünftig an. Doch heute können wir nur noch den Kopf darüber schütteln.

### Die 5 dümmsten Sprüche aller Zeiten:

» *Es gibt keinen Grund dafür, dass irgendjemand einen Computer zu Hause haben sollte.* «
Kenneth Olsen, President und Gründer von Digital Equipment Corporation (1977)

» *Trotz aller wissenschaftlichen Fortschritte wird es dem Menschen nie gelingen, auf dem Mond zu landen.* «
Dr. Lee De Forest, Erfinder der Triode und »Vater« des Radios (1967)

» *Das Fernsehen wird nach den ersten sechs Monaten nicht in der Lage sein, auch nur einen der von ihm eroberten Märkte zu halten. Es wird den Leuten schnell langweilig werden, jeden Abend auf einen Sperrholzkasten zu starren.* «
Darryl F. Zanuck, Chef von 20th Century-Fox (1946)

*›› Dieses ›Telefon‹ hat zu viele Schwachpunkte, um es ernsthaft als Kommunikationsmittel in Betracht zu ziehen. Das Gerät ist für uns völlig wertlos. ‹‹*
Western Union, internes Memo (1876)

*›› Die Erde bildet den Mittelpunkt des Universums. ‹‹*
Ptolemäus, bedeutendster Astronom der Antike (2. Jh. n. Chr.)

Das waren also die 5 dümmsten Sprüche aller Zeiten. Jetzt kommt eine Liste mit Aussagen, die mindestens genauso unsinnig sind. *Diese Aussagen stammen von Jugendlichen wie dir.* Wetten, dass du einige dieser Sprüche schon gehört hast!

*›› In meiner Familie hat noch nie jemand studiert. Ich wäre verrückt, wenn ich glauben würde, dass ausgerechnet ich das schaffe! ‹‹*

*›› Es hat keinen Zweck. Mein Stiefvater und ich werden nie miteinander klarkommen. Wir sind einfach zu verschieden. ‹‹*

*›› Im Leben kommt man nur voran, wenn man die richtigen Leute kennt. ‹‹*

*›› Ich soll dünn sein? Das geht gar nicht! In meiner Familie sind alle dick. ‹‹*

*›› Hier in der Gegend bekommt man einfach keinen Job, weil niemand jungen Leuten eine Chance geben will. ‹‹*

## Ein Paradigma – was ist das eigentlich?

Was haben diese beiden Listen gemeinsam? Sie enthalten keine Fakten, sondern grundsätzliche Denkweisen über die verschiedensten Dinge. Alle diese Denkweisen sind *falsch* oder *unvollständig*. Trotzdem sind die Leute, von denen sie stammen, felsenfest von ihrer Richtigkeit überzeugt. Ein anderes Wort für Denkweise ist Paradigma. Ein Paradigma ist die Art, wie du etwas siehst, dein *Standpunkt*, deine *Überzeugung*.

Manchmal führen uns unsere Paradigmen in die Irre. Sie stehen uns im Weg und hindern uns daran, das Beste aus unserem Leben zu machen. Beispielsweise könntest du glauben, dass du nicht intelligent genug bist, um zu studieren? Doch so setzt du dir deine eigenen Grenzen.

### Paradigmen sind wie Brillengläser

Wenn du falsche Paradigmen über dich selbst oder über das Leben hast, ist das so, als hättest du eine Brille mit der falschen Dioptrienzahl auf der Nase. Du siehst die Welt nur verzerrt, verschwommen oder unvollständig. Falls du dich für begriffsstutzig hältst, werden dir sofort jede Menge Beweise dafür einfallen. Und was ist, wenn du dich als superschlau einstufst? In dem Fall wirst du unzählige Dinge finden, die genau das bestätigen. Es ist ganz einfach: *Du bekommst immer das, was du siehst.*

Wir haben nicht nur Paradigmen über uns selbst, sondern auch über andere Menschen und über das Leben im Allgemeinen. Alle diese Paradigmen sehen wir uns jetzt genauer an:

## Paradigmen über dich selbst

Was ist mit deinen Paradigmen über dich selbst? Machen sie dir Mut und bringen sie dich weiter? Oder stehen sie dir im Weg und bremsen dich aus?

Negative Paradigmen engen dich ein. Im Gegensatz dazu helfen dir positive Paradigmen, das Beste aus dir herauszuholen. Das zeigt auch die folgende Geschichte über den Sohn des französischen Königs Ludwig XVI.:

*Man hatte König Ludwig vom Thron gestoßen und in den Kerker geworfen. Dieselben Leute, die den König gestürzt hatten, hatten auch seinen jungen Sohn gefangen genommen. Sie wollten seinen Willen brechen und ihn moralisch zerstören. Deshalb brachten sie ihn an einen abgelegenen Ort und konfrontierten ihn dort mit den schlimmsten Versuchungen, die man sich nur vorstellen kann.*

*Sie tischten ihm die üppigsten Speisen auf, um ihn zum Sklaven seines unstillbaren Heißhungers zu machen. Sie verwendeten in seiner Gegenwart nur die schmutzigsten und obszönsten Ausdrücke. Sie setzten ihn den Verführungskünsten der liederlichsten Frauen aus. Tag für Tag überschütteten sie ihn mit allem, was eine Menschenseele in die tiefsten Abgründe stürzen kann. Doch auch nach über sechs Monaten blieb der Thronfolger standhaft. Schließlich fragte man ihn, wieso er all diesen Versuchungen widerstanden habe. Der Junge antwortete: »Was ihr von mir verlangt, kann ich nicht tun. Denn ich wurde geboren, um König zu sein.«*

Der junge Prinz hielt so eisern an seinem Paradigma über sich selbst fest, dass ihn nichts erschüttern konnte. Genauso wird es auch bei dir sein. Wenn du eine Brille trägst, die dir immer wieder sagt: »Ich werde es schaffen!«, wird sich diese Überzeugung positiv auf dein gesamtes Leben auswirken.

Vielleicht fragst du dich jetzt: »Was kann ich tun, wenn ich ein negatives Paradigma von mir selbst habe? Wie kann ich das ändern?«

Eine Möglichkeit ist, Zeit mit jemandem zu verbringen, der an dich glaubt und dich aufbaut.

Wann immer ich Bestätigung brauchte, habe ich mit meiner Mutter gesprochen. Sie glaubte unerschütterlich an mich – besonders, wenn ich selbst von Zweifeln gequält wurde. Sie hat mir dann die Brille »geputzt« und mein negatives Paradigma von mir selbst zum Positiven gewendet.

Wer es im Leben zu etwas gebracht hat, hatte fast immer jemanden, der fest an ihn geglaubt hat. Ob Vater oder Mutter, Bruder oder Schwester, Lehrer oder Freund: Ein einziger Mensch genügt – und es spielt keine Rolle, um wen es sich handelt. Hab keine Angst davor, dich auf diese Person zu stützen und dir Mut von ihr machen zu lassen. Geh zu ihr, wenn du Probleme hast oder einen Rat brauchst. Versuch, dich so zu sehen, wie sie dich sieht. Denn mit einer neuen, positiven Brille sieht die Welt gleich ganz anders aus!

## Paradigmen über andere

Wir haben nicht nur Paradigmen über uns selbst, sondern auch über andere. Oft sind diese Paradigmen völlig verzerrt. Dann beurteilen wir das Verhalten anderer, ohne sämtliche Fakten zu kennen. So ging es auch Monica:

*Ich lebte lange Zeit in Kalifornien. Dort hatte ich viele Freundinnen. Deshalb interessierte ich mich nicht für die Mädchen, die neu in der Klasse waren. Ich fand, dass sie sich selbst nach Freundinnen umsehen sollten. Als wir in eine andere Stadt zogen, war ich plötzlich diejenige, die Anschluss suchte. Seither sehe ich die Dinge völlig anders und kümmere mich um Leute, die neu in unserer Klasse sind. Denn ich weiß jetzt, wie es ist, wenn man keine Freunde hat.*

Das Beispiel von Monica zeigt: Manchmal müssen wir die Dinge nur anders sehen, damit wir uns auch anders verhalten.

Die folgende Geschichte von Dan P. Greyling stammt aus der Zeitschrift *Reader's Digest.** Sie ist ein Paradebeispiel für einen Paradigmenwechsel:

*Als eine Freundin von mir von Europa nach Südafrika zurückflog, hatte sie einen längeren Aufenthalt am Londoner Flughafen Heathrow. Sie kaufte sich einen Kaffee und eine kleine Packung Kekse und setzte sich an einen freien Tisch. Dort vertiefte sie sich in die Morgenzeitung.*

*Plötzlich hörte sie an ihrem Tisch etwas knistern. Sie schaute hinter ihrer Zeitung hervor und sah einen gut gekleideten jungen Mann, der sich ungeniert aus ihrer Kekspackung bediente. Da sie keinen Streit anfangen wollte, beugte sie sich einfach vor und nahm sich selbst einen Keks. Nach ungefähr einer Minute hörte sie wieder ein Knistern. Der Mann hatte sich schon wieder einen Keks genommen!*

*Als nur noch ein einziger Keks übrig war, schäumte sie vor Wut. Dennoch konnte sich nicht dazu durchringen, irgendetwas zu sagen. Da brach der junge Mann den Keks in der Mitte durch, schob ihr die eine Hälfte hin, aß die andere, stand auf und ging.*

*Ihre Wut war noch nicht verraucht, als ihr Flug einige Zeit später aufgerufen wurde. Sie öffnete ihre Handtasche, um ihr Ticket vorzuzeigen – und sah ihre Kekspackung. Wie peinlich: Sie hatte seine Kekse gegessen!*

Die Gefühle der Frau gegenüber dem jungen Mann änderten sich schlagartig. Zuerst dachte sie: »Was für ein unhöflicher, dreister Typ!« Doch dann sah sie die Sache ganz anders: »Wie peinlich! Und wie nett von ihm, dass er seinen letzten Keks mit mir geteilt hat!«

Worum geht es hier? Unser Bild von der Wirklichkeit ist oft unvollständig, unzutreffend oder verzerrt. Deshalb sollten wir nicht vorschnell über andere urteilen – und über uns selbst natürlich auch nicht. Es ist nicht immer einfach, eine Situation so zu erfassen, wie sie in Wahrheit ist. Oft fehlen uns wichtige Fakten, um alles zu überblicken. *Meist sehen wir nicht das ganze Bild.* Daher sollten wir offen für neue Informationen,

---

* Dan P. Greyling, »The Way the Cookie Crumbles«. Nachdruck eines Beitrags aus der Ausgabe von *Reader's Digest* vom Juli 1980. Copyright © 1980, The Reader's Digest Association, Inc.

Ideen und Sichtweisen sein und unsere Paradigmen ändern, sobald deutlich wird, dass sie uns in die Irre führen. Willst du, dass sich dein Leben grundlegend verbessert? Dann musst du erst mal eine andere Brille aufsetzen. Alles andere folgt dann (fast) von allein.

## Paradigmen über das Leben

Neben den Paradigmen über uns selbst und andere haben wir auch Paradigmen über die Welt im Allgemeinen. Wie deine Paradigmen aussehen? Das kannst du ganz leicht herausfinden. Beantworte einfach die drei folgenden Fragen:

- Was gibt mir Kraft im Leben?
- Woran denke ich besonders oft?
- In wessen Gegenwart oder bei welcher Beschäftigung vergesse ich alles andere?

Das, was dir am wichtigsten ist, ist dein **Lebenszentrum**. Das können beispielsweise deine Freunde, die Schule, deine Eltern, der Sport oder dein Hobby sein. Alle diese Dinge haben gute Seiten. Aber einzeln sie sind nicht vollständig. Wenn du dich ausschließlich auf eins konzentrierst, machst du dir das Leben unnötig schwer. Zum Glück gibt es ein Lebenszentrum, auf das du dich immer verlassen kannst. Was das ist? Das verrate ich dir später!

## Freunde als Lebenszentrum

Es gibt nichts Schöneres, als viele Freunde zu haben, und nichts Schlimmeres, als sich allein und ausgeschlossen zu fühlen. Doch so wichtig Freunde auch sind – du solltest sie niemals zu deinem alleinigen Lebenszentrum machen. Freunde sind nicht immer zuverlässig. Manchmal sind sie nicht ehrlich zu dir oder sie lästern hinter deinem Rücken über dich. Oft schließen sie neue Freundschaften und lassen dich einfach links liegen. Oder sie ziehen in eine andere Stadt.

Dein Glück sollte nicht davon abhängen, dass du bei allen beliebt bist, viele Freunde hast und die meisten Likes auf Facebook oder Instagram bekommst. Sonst besteht die Gefahr, dass du gegen deine Grundsätze verstößt oder sie jede Woche änderst, nur um gut bei deinen Freunden anzukommen und »dazuzugehören«.

Schließ so viele Freundschaften, wie du kannst. Aber bau dein Leben nicht darauf auf. *Mach dich nicht von deinen Freunden abhängig.* Menschen verändern sich und auch du selbst bleibst nicht derselbe. Auch wenn du mir das jetzt vielleicht nicht glauben kannst – eines Tages werden deine Freunde nicht mehr das Wichtigste in deinem Leben sein.

## Besitz als Lebenszentrum

Manchmal sehen wir die Welt durch die Brille von Geld und Besitz. Wir definieren uns über das, was wir *»haben«*, anstatt über das, was wir *»sind«*. Wir müssen unbedingt das schnellste Auto haben, die angesagtesten Klamotten, das neuste Smartphone und all die vielen anderen *Dinge*, die uns angeblich glücklich machen.

Besitzdenken kann sich auch auf Aufgaben oder Auszeichnungen beziehen – beispielsweise auf die Rolle als Mannschaftskapitän, als Rednerin bei der Abschlussfeier oder als Chefredakteur der Schülerzeitung.

Natürlich darfst du es genießen, wenn andere dich für irgendetwas bewundern, seien es Dinge oder Leistungen. Aber diese Dinge sollten niemals zu deinem Lebenszentrum werden. Sie haben keinen dauerhaften Wert. Du solltest dein Selbstbewusstsein nicht aus Äußerlichkeiten beziehen, sondern aus deinen *inneren Werten*.

Ich habe einen Spruch gelesen, der das perfekt auf den Punkt bringt:

*»Wenn ich das bin, was ich habe, was ist, wenn ich all das verliere? Was bin ich dann noch?«*

## Partner als Lebenszentrum

In diese Falle tappen wir nur allzu leicht. Es gibt wohl niemanden, der nicht schon einmal seine feste Freundin oder seinen festen Freund zum Mittelpunkt seines Lebens gemacht hat! Angenommen, Brady hat nur noch seine Freundin Tasha im Kopf. Sein ganzes Leben kreist allein um sie. Stell dir vor, was dann mit Brady passiert:

| Tashas Verhalten | Bradys Reaktion |
|---|---|
| *Tasha macht eine unbedachte Bemerkung.* | *»Mein Tag ist ruiniert.«* |
| *Tasha spricht mit Bradys bestem Freund.* | *»Hat sie was mit dem?«* |
| *Tasha meint: »Ich finde, wir sollten uns auch mal mit anderen Leuten treffen.«* | *»Mein Leben ist vorbei. Sie hat mich von Anfang an nicht richtig geliebt!«* |

Glaub mir: Du bist ein besserer Freund oder eine bessere Freundin, wenn du nicht komplett auf den anderen fixiert bist. Das gilt übrigens auch, wenn du in jemanden verliebt bist und ihn für dich gewinnen willst. Mach den anderen nicht zu deinem alleinigen Lebenszentrum. Das wirkt zwanghaft und nicht gerade souverän. *Unabhängigkeit* ist wesentlich anziehender als Abhängigkeit.

## Schule als Lebenszentrum

Die Schule als Zentrum des Lebens? Das ist bei Teenagern viel öfter der Fall, als man denkt. Lisa aus Kanada bedauert heute, dass sich bei ihr so lange alles nur um die Schule gedreht hat:

*Ich war so ehrgeizig und auf die Schule fixiert, dass ich meine Jugend gar nicht genossen habe. Das war nicht nur ungesund für mich, sondern auch egoistisch. Denn mir waren nur meine Noten wichtig. Alles andere war mir total egal.*

*Schon in der siebten Klasse arbeitete ich so hart wie sonst nur Studenten vor dem Examen. Ich wollte Neurochirurgin werden. Damit ich auch ja gut genug war, stand ich jeden Tag um sechs auf und ging nie vor zwei ins Bett.*

*Ich hatte das Gefühl, dass meine Lehrer und meine Klassenkameraden das von mir erwarteten. Sie waren immer ganz überrascht, wenn ich mal keine glatte Eins bekam. Meine Eltern versuchten, mich dazu zu bringen, die Schule lockerer zu nehmen. Doch meine Erwartungen waren mindestens genauso hoch wie die meiner Lehrer und Klassenkameraden.*

*Heute ist mir klar: Ich hätte das, was ich wollte, auch erreichen können, ohne mich so gnadenlos anzustrengen – und ich hätte dabei sogar noch Spaß haben können.*

Natürlich ist die Schule wichtig für deine Zukunft. Deshalb sollte sie zu deinen Top-Prioritäten gehören. Doch viele Teenager sind so darauf versessen, gute Noten zu bekommen, dass sie den eigentlichen Zweck der Schule ganz vergessen – *fürs Leben zu lernen*. Denk immer dran: Es ist sehr wohl möglich, gut in der Schule zu sein und gleichzeitig auch noch Spaß am Leben zu haben.

## Eltern als Lebenszentrum

Deine Eltern können dir unendlich viel Liebe und Halt geben. Das solltest du ihnen hoch anrechnen. Doch wenn du nur noch versuchst, es deinen Eltern recht zu machen, kann dein Leben schnell zum Albtraum werden. Das hat auch ein Mädchen aus Louisiana zu spüren bekommen:

*Ich schuftete das ganze Halbjahr wie irre für die Schule. Das Resultat: sechs Einsen und eine Zwei plus. Ich war mir sicher, dass meine Eltern sich freuen würden. Aber als ich ihnen mein Zeugnis zeigte, waren sie enttäuscht. Kein Lob. Keine Anerkennung. Nichts. Sie fragten nur: Was soll die Zwei plus auf deinem Zeugnis?*

*Die nächsten zwei Jahre tat ich alles, damit meine Eltern stolz auf mich sein konnten. Immer war ich die Jahrgangsbeste. Doch schon bald fanden es alle normal, dass ich in allen Fächern eine Eins hatte. Eigentlich wollte ich aufs College gehen und Lehrerin werden. Das war allerdings kein besonders gut bezahlter Beruf. Deshalb wollten meine Eltern, dass ich etwas anderes studiere. Und das tat ich dann auch. Bei jeder Entscheidung überlegte ich: Was würden meine Eltern dazu sagen?*

*Aber was auch immer ich tat, es war nicht gut genug. Irgendwann war ich am Boden zerstört. Mir wurde klar, dass meine Eltern niemals zufrieden sein würden. Also begann ich, mein eigenes Leben zu leben. Ich orientierte mich an den Prinzipien, die mich meiner Ansicht nach glücklich machen würden. Dazu gehörten Aufrichtigkeit mir selbst und meinen Eltern gegenüber, die Hoffnung auf eine bessere Zukunft und der feste Glaube an mich und das Gute in mir. Anfangs tat ich oft nur so, als ob ich stark sei, doch nach und nach wurde ich tatsächlich immer stärker.*

*Endlich traute ich mich, meinen eigenen Weg zu gehen. Ich ließ es auf ein Zerwürfnis mit meinen Eltern ankommen. Das hatte allerdings auch sein Gutes: Meine Eltern erkannten endlich, wie ich wirklich war. Sie entschuldigten sich dafür, dass sie mich so unter Druck gesetzt hatten, und versicherten mir, dass sie mich liebten. Natürlich ist mir bis heute wichtig, was meine Eltern denken. Aber mir ist klar geworden, dass ich für mein Leben und meine Entscheidungen selbst verantwortlich bin. Deshalb versuche ich, meine eigenen Erwartungen wichtiger zu nehmen als die der anderen.*

### Andere mögliche Lebenszentren

Die Liste möglicher Lebenszentren nimmt so schnell kein Ende. Für viele sind beispielsweise Sport, Hobbys, Tanz, Theater oder Musik das Allerwichtigste im Leben.

Manche stellen auch einen berühmten YouTuber oder Instagram-Star, einen weltbekannten Sportler oder einen erfolgreichen Unternehmer ins Zentrum ihres Lebens. Aber was passiert, wenn ihr Idol eine wirklich große Dummheit begeht oder sogar im Gefängnis landet?

Es kann auch vorkommen, dass wir irgendwen oder irgendwas so abgrundtief hassen, dass sich unser ganzes Leben nur noch darum dreht. Unzählige Websites, Online-Communitys und Facebook-Pages sind nur dazu da, dem *Hass* gegenüber bestimmten Themen oder Leuten ein Ventil zu geben. Was für eine Zeitverschwendung!

Ein anderes verbreitetes Phänomen ist die *Ich-Zentriertheit*. Viele glauben, dass sich die Welt nur um sie und ihre Probleme dreht. Sie sind so sehr mit sich selbst beschäftigt, dass sie die Menschen um sich herum kaum noch wahrnehmen.

Sicher ist dir längst klar geworden, dass dir diese und viele weitere Zentren nicht den Halt geben, den du im Leben brauchst. Natürlich kannst du trotzdem ein hervorragender Sportler oder Tänzer werden oder eine enge Beziehung zu deinen Freunden und deinen Eltern haben. Aber etwas mit Begeisterung und Leidenschaft zu machen, ist etwas völlig anderes, als sein gesamtes Leben allein darauf aufzubauen.

## Das richtige Lebenszentrum: Prinzipien

Es gibt *ein* »Lebenszentrum«, auf das du dich ganz und gar verlassen kannst. Was das ist? »Prinzipien«.

Wir alle kennen die Auswirkungen der Schwerkraft. Wenn du einen Ball hochwirfst, kommt er wieder runter – ganz automatisch! Das ist ein Naturgesetz, ein Prinzip. Nicht nur die Physik, sondern die ganze Welt wird von Prinzipien beherrscht.

Beispiele für Prinzipien sind Ehrlichkeit, Liebe, Fleiß, Respekt, Dankbarkeit, Bescheidenheit, Gerechtigkeit, Integrität, Loyalität oder Verantwortungsbewusstsein. Das sind allerdings nur einige Prinzipien – es gibt Dutzende und Aberdutzende. Sie sind nicht schwer zu erkennen. Wie ein Kompass immer in Richtung des magnetischen Nordpols zeigt, so weiß dein Herz intuitiv, was ein Prinzip ist.

Prinzipien sind keine Frage des Glaubens, der Herkunft oder der Nationalität. Prinzipien lassen sich nicht widerlegen oder relativieren. Sie gelten immer und überall – für jeden von uns. Da gibt es keine Ausnahme. Nehmen wir zum Beispiel Fleiß: Vielleicht kommst du eine Weile damit durch, wenn du versuchst, den leichten Weg zu gehen. Aber früher oder später wirst du dafür den Preis zahlen müssen. Du kannst nicht so tun, als könntest du perfekt Golf spielen, eine Gitarre stimmen oder Arabisch sprechen. Du musst fleißig sein, um es zu lernen. Darum kommst du nicht herum. Denn Fleiß ist ein Prinzip.

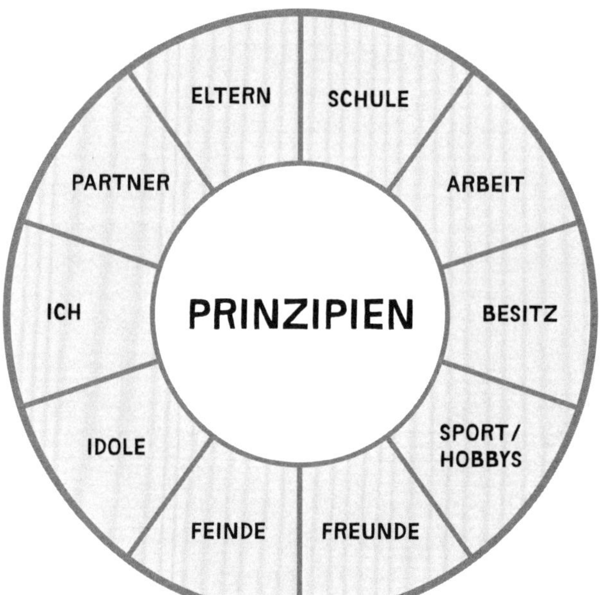

## Prinzipien lassen dich nicht im Stich

Wer nach Prinzipien leben will, muss an sie glauben! Vor allem dann, wenn er sieht, dass andere an ihm vorbeiziehen, weil sie lügen und betrügen. Denn eins steht fest, früher oder später wird es sich *immer* rächen, wenn man gegen Prinzipien verstößt – ganz bestimmt! Hier ein Beispiel: Was passiert, wenn du dich nicht an das Prinzip der Ehrlichkeit hältst? Wer ein großer Lügner ist, kann damit durchaus eine Zeit lang durchkommen, vielleicht sogar einige Jahre. Aber zeig mir auch nur einen einzigen Lügner, der auf lange Sicht erfolgreich war!

Im Gegensatz zu allen anderen Lebenszentren werden deine Prinzipien dich niemals im Stich lassen. Sie werden nie hinter deinem Rücken über dich herfallen oder einfach aufstehen und gehen. Prinzipien sind die stabilste Grundlage, auf der du dein Leben aufbauen kannst.

Um zu verstehen, warum Prinzipien immer funktionieren, solltest du dir einmal überlegen, wie ein Leben aussehen würde, das nicht auf Prinzipien, sondern auf dem krassen Gegenteil beruht. Ein Leben voller Lügen, Faulheit, Undankbarkeit, voller Egoismus und Hass. Kannst du dir vorstellen, dass irgendwas Gutes dabei herauskommen könnte? Ich denke, nicht!

Wenn wir unser Leben an Prinzipien ausrichten, verbessern wir uns fast wie von selbst in allen Bereichen. Wer sich beispielsweise an die Prinzipien Respekt und Liebe hält, wird mehr Freunde gewinnen und stabilere, bessere Beziehungen haben.

Sobald du Prinzipien an die erste Stelle in deinem Leben setzt, bist du auf dem besten Weg, ein Mensch mit Charakter zu werden. Also, fang gleich heute damit an, Prinzipien zu deinem Lebenszentrum zu machen. Frag dich in jeder Situation deines Lebens: »Welche Prinzipien sind hier gefragt?« Wenn du dich müde und ausgelaugt fühlst, solltest du es mit dem Prinzip *Ausgeglichenheit* und *Balance* versuchen. Und falls du den Eindruck hast, dass niemand dir vertraut, könnte das Prinzip *Ehrlichkeit* eine echte Hilfe für dich sein.

## Ein Wort zu den »kleinen Schritten«

Zu den Lieblingsfilmen meiner Familie gehört der Klassiker *Was ist mit Bob?* mit Bill Murray in der Hauptrolle. Hier geht es um die Geschichte eines lebensuntüchtigen, von Ängsten zerfressenen, strohdummen Blutsaugers namens Bob. Bob hängt wie eine Klette an seinem Psychiater Dr. Marvin. Der versucht alles, um Bob irgendwie wieder loszuwerden. Schließlich diskutiert er mit ihm über das von ihm verfasste Buch *Babyschritte*, das er Bob vor einiger Zeit geschenkt hatte.

Dr. Marvin erklärt Bob, dass er seine Probleme nicht lösen kann, wenn er sich zu viel vornimmt und zu gewaltige Sprünge machen will. Stattdessen empfiehlt er ihm, sich seinen Zielen in kleinen »Babyschritten« zu nähern. Und siehe da – Bob ist begeistert!

Die kleinen Schritte haben eine große Wirkung. Deshalb findest du am Ende jedes Kapitels einige *kleine Schritte*. Sie helfen dir, das Gelesene direkt umzusetzen. So winzig diese Schritte auch sein mögen – mit ihnen kannst du auch hochgesteckte Ziele erreichen. Also, leg los und mach gleich deine ersten kleinen Schritte!

## Kleine Schritte

1. Wenn du das nächste Mal in den Spiegel schaust, dann schenk dir ein Lächeln und sag was Nettes zu dir!

2. Zeig jemand anderem, dass du das, was er sagt, gut findest. Mach das am besten noch heute. Sag zum Beispiel: »He, das ist eine gute Idee!«

3. Gibt es jemanden in deinem Familien- oder Freundeskreis, der sich in letzter Zeit irgendwie »komisch« verhält? Überleg dir einfach mal, was der Grund dafür sein könnte.

4. Sei geduldig, beschwer dich nicht übers Abendessen und sprich nicht schlecht über andere. Denk an die »goldene Regel«: Behandle andere immer so, wie du selbst behandelt werden möchtest.

5. Ohne Fleiß kein Preis. Beherzige heute dieses Prinzip. Streng dich bei den Hausaufgaben oder beim Aufräumen deines Zimmers ganz besonders an. Tu mehr, als von dir erwartet wird.

# Teil 2: Dein persönlicher Erfolg

**Dein Selbstwertkonto**

Wen siehst du im Spiegel?

**Der 1. Weg: Pro-aktiv sein**

Nimm dein Leben in die eigene Hand

**Der 2. Weg: Schon am Anfang das Ende im Sinn haben**

Bestimme deinen Kurs selbst – sonst macht es ein anderer

**Der 3. Weg: Das Wichtigste zuerst tun**

Konzentriere dich auf das, was wirklich wichtig für dich ist

# Dein Selbstwertkonto

## Wen siehst du im Spiegel?

**Bevor** du dein Leben verändern kannst, musst du dich selbst verändern. Alle Veränderungen beginnen in dir selbst. Deine persönlichen Erfolge sind der Schlüssel für deine Erfolge im Team und in der Öffentlichkeit. Ich werde nie vergessen, wie ich diese Lektion gelernt habe.

»Was stimmt denn nicht mit dir? Wo ist der Sean, den ich aus der High School kenne?« Der Trainer musterte mich mit strengem Blick. »*Willst* du überhaupt spielen?«

Ich war geschockt.

»Ja, natürlich.«

»Reiß dich zusammen oder du sitzt nur auf der Bank.«

Es war mein zweites Jahr an der Brigham Young University (BYU). Die Football-Saison stand unmittelbar bevor und wir waren im Trainingslager. Gleich nach der High School hatten mehrere Colleges versucht, mich anzuwerben. Aber ich hatte mich für die BYU entschieden. Denn die BYU war bekannt für ihre herausragenden Quarterbacks. Hier hatten schon Stars wie Jim McMahon oder Steve Young gespielt. Ich gehörte damals nur zur Reserve. Doch ich träumte davon, der nächste große Quarterback der BYU zu werden!

Als der Trainer mir ins Gesicht sagte, dass ich nicht genügend Einsatz brachte, erwischte mich das eiskalt. Aber weißt du, was das Schlimmste war? Er hatte recht! Obwohl ich viel Zeit im Training verbrachte, war ich nicht wirklich bei der Sache – und ich wusste das.

Ich musste eine harte Entscheidung treffen: Entweder hängte ich den Football an den Nagel oder ich verdreifachte meinen Einsatz.

Wochenlang war ich innerlich total zerrissen. Heftige Zweifel quälten mich. Konnte ich wirklich einen Stammplatz als Quarterback ergattern? War ich gut genug? Schnell wurde mir klar, dass ich einfach Angst hatte – Angst vor dem Konkurrenzkampf, dem Druck und dem Risiko, zu scheitern. Diese Ängste hielten mich davon ab, alles zu geben.

Irgendwann beschloss ich, alles auf eine Karte zu setzen und allen zu zeigen, wozu ich fähig war.

Von nun an war alles anders. Jetzt war ich mit ganzem Herzen dabei. Ich selbst merkte es – und die Trainer merkten es auch. Trotzdem saß ich zu Saisonbeginn bei allen Spielen auf der Bank. Was für ein Frust! Aber ich strengte mich weiter an und wurde immer besser und besser.

Mitte der Saison stand das Spiel des Jahres an: Wir würden vor 65 000 Fans gegen Air Force antreten, eines der absoluten Spitzenteams. Eine Woche vor dem Spiel, das live auf ESPN übertragen wurde, rief mich der Trainer zu sich. Er sagte mir, dass ich zur Startformation gehöre. Schluck!

Und dann kam der entscheidende Tag. Beim Kick-off war mein Hals so trocken, dass ich kaum sprechen konnte. Doch allmählich beruhigte ich mich und führte unser Team zum Sieg. ESPN ernannte mich sogar zum wertvollsten Spieler!

Nach dem Spiel gratulierten mir alle zum Sieg und zu meiner Leistung. Sie dachten, der Sieg sei an diesem Tag errungen worden. Doch ich wusste, dass die Schlacht schon vor Monaten in meinem Inneren stattgefunden hatte. Mir war klar, dass ich in dem Augenblick gewonnen hatte, als ich beschloss, mich meinen Ängsten zu stellen und wirklich alles zu geben. Das Air-Force-Team zu schlagen, war viel leichter, als mich selbst zu überwinden. Das zeigt: Persönliche Erfolge kommen immer vor den Erfolgen im Team und in der Öffentlichkeit.

### Von innen nach außen

Wir müssen erst mit uns selbst ins Reine kommen, bevor wir etwas nach außen hin bewirken können. Wenn du in deinem Leben etwas ändern willst, musst du bei dir selbst anfangen – und nicht bei deinen Eltern, deinem Freund oder deiner Freundin oder deinen Lehrern. *Der Weg verläuft immer von innen nach außen und nicht umgekehrt.* Am Anfang jeder Veränderung steht der Blick in den Spiegel. Deshalb geht's in Teil 2 dieses Buchs um deinen persönlichen Erfolg, um dich und deinen Charakter. Den Anfang macht dein Selbstwertgefühl.

## Dein Selbstwertkonto

Dein Selbstwertgefühl kannst du sehr gut mit einem Bankkonto vergleichen. Nennen wir es mal dein *persönliches Selbstwertkonto.* Wie bei jedem anderen Konto kannst du hier etwas einzahlen oder etwas abheben. Das machst du mit dem, was du denkst, sagst oder tust. Hältst du beispielsweise ein Versprechen, das du dir selbst gegeben hast, dann hast du ein gutes Gefühl. Das ist also eine Einzahlung. Brichst du jedoch ein Versprechen, dann bist du von dir selbst enttäuscht und musst ein dickes Minus auf deinem Konto verbuchen.

Plus oder Minus? Wie gut ist dein persönliches Selbstwertkonto gefüllt? Wie viel Vertrauen hast du in dich selbst? Schau einfach selbst:

### Minuspunkte für dein Selbstwertkonto:

- Du kämpfst mit Minderwertigkeitsgefühlen.
- Du fragst dich ständig, was andere von dir denken.
- Du überspielst deine Unsicherheit mit Arroganz und Überheblichkeit.
- Du fügst dir selbst Schaden durch Alkohol oder Drogen zu.

## Pluspunkte für dein Selbstwertkonto:

- Du beugst dich nicht dem Gruppendruck.
- Du hast generell Spaß am Leben.
- Du verfolgst deine Ziele konsequent.
- Du freust dich auch über die Erfolge anderer.

Ist dein Guthaben noch ziemlich klein? Fang gleich heute an, kleine Einzahlungen vorzunehmen. So werden dein Kontostand und dein Selbstvertrauen Schritt für Schritt wachsen.

### So kommst du ins Plus

Gemeinsam mit einigen Teenagern habe ich eine Liste mit sechs Einzahlungen erstellt, mit denen du dein Selbstwertkonto kräftig auffüllen kannst. Aber Achtung: Jeder dieser Einzahlungen steht eine ebenso große Abhebung gegenüber.

| + Einzahlungen | − Abhebungen |
| --- | --- |
| *Du hältst Versprechen, die du dir selbst gegeben hast.* | *Du brichst Versprechen, die du dir selbst gegeben hast.* |
| *Du bist freundlich zu anderen.* | *Du achtest nur auf dich.* |
| *Du bist nachsichtig mit dir selbst.* | *Du machst dir ständig Vorwürfe.* |
| *Du bist aufrichtig und ehrlich.* | *Du nimmst es nicht so genau mit der Wahrheit.* |
| *Du achtest auf dich und deine Gesundheit.* | *Du betreibst Raubbau an dir selbst.* |
| *Du nutzt deine Talente und machst was draus.* | *Du lässt deine Talente verkümmern.* |

## Versprechen halten

Weißt du, wie es ist, wenn auf Freunde kein Verlass ist? Wenn sie dir sagen, dass sie dir eine Nachricht schicken wollen, und dann kommt nichts? Wenn sie sich fürs Wochenende mit dir verabreden und es dann vergessen? Irgendwann vertraust du ihnen nicht mehr. Etwas Ähnliches passiert, wenn du dir ständig Dinge vornimmst und sie dann doch nicht machst. Wenn so etwas öfter vorkommt, glaubst du dir irgendwann selbst nicht mehr. Deshalb solltest du ein Versprechen, das du dir selbst gibst, genauso ernst nehmen wie ein Versprechen, das du anderen gibst. Wenn du das Gefühl hast, keine Kontrolle über dein Leben zu haben, solltest du dich auf das Einzige konzentrieren, das du selbst kontrollieren kannst: auf dich! Gib dir Versprechen und halte sie ein – ohne Wenn und Aber!

## Freundlich zu anderen sein

Neulich habe ich einen guten Tipp von einem Psychiater gelesen: Wenn wir niedergeschlagen sind, sollten wir jemand anderem etwas Gutes tun. Das lenkt uns von unseren Sorgen ab und bringt uns auf andere Gedanken. Ist das nicht toll? Wenn wir anderen helfen, fühlen wir uns selbst viel besser!

Mach anderen so oft wie möglich eine Freude. Lade heute jemanden aus deiner Klasse, um den sich sonst keiner kümmert, ein, mit dir und deinen Freunden wegzugehen. Schenk einem lieben Menschen eine nette Kleinigkeit. Oder schick einem Freund, einem Trainer oder jemand anderem, der dich unterstützt, eine Dankeschön-Nachricht. So wird das Leben nicht nur für andere schöner, sondern auch für dich selbst.

## Nachsichtig mit dir selbst sein

Das kann vieles heißen. Beispielsweise bedeutet es, dass du nicht von dir erwartest, über Nacht perfekt zu werden. Viele Teenager sind Spätzünder und sollten sich die Zeit zum Erwachsenwerden nehmen, die sie brauchen. Es heißt aber auch, über dich selbst zu lachen, wenn du mal was Dummes machst oder sagst.

## Aufrichtig und ehrlich sein

Es gibt viele Formen von Ehrlichkeit. Eine davon ist, dass wir uns nicht verstellen. Bekommen andere dich so zu sehen, wie du wirklich bist? Oder spielst du ihnen nur etwas vor? Meine Erfahrung ist: Sobald ich mir und anderen etwas vormache, fühle ich mich unsicher. Wenn ich versuche, etwas zu sein, das ich gar nicht bin, hebe ich eine ganze Menge von meinem Selbstwertkonto ab.

Wir sollten bei allem, was wir tun, ehrlich sein. Bist du deinen Eltern, Lehrern oder Freunden gegenüber ehrlich? Sicher war so gut wie jeder von uns schon mal unehrlich. Ist das auch bei dir der Fall? Dann versuch, von jetzt an ehrlich zu sein. Achte darauf, wie du dich dann fühlst! Wenn man etwas Falsches tut, dann geht es einem bestimmt nicht gut damit. Das hat auch Jeff erkannt:

*In meinem zweiten Jahr an der High School gab es in meinem Geometriekurs drei Jungs, die große Probleme mit Mathe hatten. Ich dagegen war richtig gut. Für jede Arbeit, die sie mit meiner Hilfe bestanden, nahm ich ihnen drei Dollar ab. Die Arbeiten waren in Multiple-Choice-Form. Es war also ganz einfach: Ich schrieb die richtigen Antworten auf einen kleinen Zettel, den ich ihnen dann heimlich zuschob.*

*Zuerst dachte ich: Klasse, so verdiene ich mir ein bisschen Geld dazu. Doch dann wurde mir klar, dass ich damit aufhören musste, weil ich den drei Jungs ja nicht wirklich half. Sie bestanden zwar die Tests, lernten aber nichts, sodass es später nur noch schwieriger für sie werden würde. Und: Mir selbst half diese Schummelei definitiv auch nicht. Im Gegenteil: Mein schlechtes Gewissen machte sich immer mehr bemerkbar!*

Es braucht Mut, ehrlich zu sein, wenn alle um dich herum scheinbar gut damit fahren, dass sie bei den Tests schummeln oder ihren Eltern etwas vormachen. Denk aber bitte daran, dass jede ehrliche Tat eine

Einzahlung auf dein Selbstwertkonto ist und dich stärker macht. Ehrlichkeit ist und bleibt der beste Weg, auch wenn sich nicht alle für ihn entscheiden.

## Auf dich achten

Du solltest dir ausreichend Zeit für dich nehmen, damit du entspannen, dich ausruhen und auftanken kannst. Wenn du das nicht machst, bist du früher oder später total ausgelaugt und verlierst die Freude am Leben.

Such dir einen Rückzugsort, an dem du allein sein und in aller Ruhe vor dich hinträumen kannst. Das Leben prasselt wie ein Dauerfeuer auf uns ein. Da müssen wir immer wieder mal tief Luft holen und uns für einen Augenblick ausklinken, um neue Kräfte zu sammeln. Theo aus Kanada hat mir erzählt, dass er einen ganz besonderen Rückzugsort hatte:

*Wenn ich total gestresst war oder wieder Krach mit meinen Eltern hatte, ging ich einfach in den Keller. Dort hatte ich einen Hockeyschläger, einen Ball und eine Betonwand, an der ich meinen Frust auslassen konnte. Ich drosch einfach eine halbe Stunde lang auf den Ball ein, spielte ihn mit voller Wucht gegen die Wand und ging dann ausgepowert, aber zufrieden wieder nach oben. So wurde nicht nur mein Hockeyspiel immer besser, sondern auch unser Familienleben!*

Es gibt noch viele andere Möglichkeiten, neue Kraft zu tanken und ein Guthaben auf deinem Selbstwertkonto anzusparen. Spazieren gehen, joggen, tanzen oder auf einen Sandsack eindreschen: Besonders beliebt sind bei vielen Teenagern Sport und Bewegung. Manchen hilft es auch, sich alte Filme anzusehen, ein Musikinstrument zu spielen, mit ihren Freunden zu sprechen oder Videos auf dem PC zusammenzuschneiden. Andere führen ein Tagebuch und schreiben sich den ganzen Stress von der Seele.

## Deine Talente nutzen

Ein Talent, Hobby oder besonderes Interesse zu haben und sich intensiv damit zu beschäftigen, kann eine sehr hohe Einzahlung auf dein Selbstwertkonto sein. Viele denken bei »Talent« sofort an Hochleistungssportler, Spitzentänzer oder Schachweltmeister. Warum eigentlich? Vielleicht liest, schreibst oder zeichnest du einfach nur gern. Vielleicht liebst du es, Musik zu machen. Vielleicht bist du auch ein Organisationstalent oder hast ein supergutes Gedächtnis? Es spielt keine Rolle, wo deine Talente liegen – ob im Rechnen, auf der Theaterbühne oder auf dem Skateboard. Wenn du etwas einigermaßen gut und vor allem gerne machst, baut es dich auf und stärkt dein Selbstbewusstsein. Das zeigt auch die folgende Geschichte von meinem Schwager Bryce:

Schauplatz seiner Geschichte ist das Teton-Gebirge, das sich über den Ebenen von Idaho und Wyoming erhebt. Der Gipfel des höchsten Berges, des Grand Teton, liegt fast 4200 Meter über dem Meeresspiegel.

Als Junge hatte Bryce den perfekten Schlag beim Baseball – bis zu einem tragischen Unfall. Eines Tages schoss er sich beim Spielen mit einem Luftgewehr ins Auge. Die Ärzte befürchteten, dass eine Operation zu einer dauerhaften Schädigung seiner Sehkraft führen könnte. Deshalb entschieden sie sich, die Kugel in seinem Auge zu lassen. Nach Monaten durfte Bryce endlich wieder Baseball spielen. Doch er sah den Ball nicht richtig und schlug ständig daneben.

»Im Jahr zuvor war ich noch ein wirklich guter Spieler«, sagte Bryce. »Und jetzt traf ich den Ball einfach nicht mehr! Ich war überzeugt, dass ich nie wieder irgendetwas können würde. Das machte mich total fertig. Ich hatte absolut kein Selbstvertrauen mehr.«

Doch Bryce gab nicht auf. Er versuchte, etwas zu finden, das er trotz seines Handicaps gut konnte. Da er in der Nähe des Teton-Gebirges lebte, beschloss er, es mit Klettern und Bergsteigen zu versuchen. Zuerst bestieg er ein paar kleinere Berge im Umkreis des Grand Teton. Schnell wurde ihm klar, dass er eine echte Begabung fürs Klettern hatte.

Nach monatelangem Training bezwang Bryce schließlich den Grand Teton. Das gab seinem Selbstvertrauen enormen Auftrieb. Da er niemanden fand, der mit ihm klettern wollte, trainierte Bryce ganz allein. Er fuhr regelmäßig ins Teton-Gebirge, joggte zum Ausgangspunkt der Tour, kletterte auf den Gipfel und lief wieder zurück zum Wagen. Mit der Zeit wurde er immer schneller und besser. Eines Tages sagte sein Freund Kim zu ihm: »Du solltest dir den Rekord für den Grand Teton holen!«

Kim erzählte Bryce alles über den Rekord. Der Ranger Jock Glidden hatte den Rekord aufgestellt – 4 Stunden und 11 Minuten bis zum Gipfel und wieder zurück. »Völlig unmöglich!«, dachte Bryce. Doch sein Ehrgeiz war geweckt und er trainierte so hart wie nie zuvor. Seine Zeiten wurden immer besser. Und Kim lag ihm ständig in den Ohren und meinte: »Du musst den Rekordversuch machen! Ich weiß, dass du es schaffen kannst.«

Schließlich lernte Bryce Jock Glidden, den Supermann mit dem unglaublichen Rekord, persönlich kennen. Bryce und Kim saßen in Gliddens Zelt. Kim, der selbst ein bekannter Bergsteiger war, sagte zu Jock: »Der Junge hier will sich deinen Rekord holen!« Glidden musterte Bryce, der nur 57 Kilo wog, und prustete los, als wolle er sagen: »Dann versuch das mal, du Zwerg!« Bryce war am Boden zerstört, trainierte aber unermüdlich weiter.

Am 26. August 1981 war es dann so weit: Ausgerüstet mit einem kleinen orangefarbenen Rucksack und einer leichten Jacke, lief Bryce in 3 Stunden, 47 Minuten und 4 Sekunden bis zum Gipfel des Grand Teton und zurück. Er hielt nur zweimal an: einmal, um einen Stein aus seinem Schuh zu holen, und einmal, um sich ins Gipfelbuch einzutragen – als Beweis dafür, dass er wirklich oben gewesen war. Bryce fühlte sich unglaublich gut. Er hatte es tatsächlich geschafft. Er hatte sich den Rekord geholt!

Eines Tages bekam Bryce einen Anruf von Kim. »Dein Rekord ist unterboten worden. Du musst ihn dir unbedingt zurückholen!«

Ein Mann namens Creighton King, der kurz zuvor den legendären Pike's Peak Marathon in Colorado gewonnen hatte, war in 3 Stunden, 30 Minuten und 9 Sekunden auf den Gipfel und wieder zurück gestürmt.

Zwei Jahre nach seiner letzten Besteigung des Grand Teton und nur wenige Tage nachdem King ihm den Rekord abgenommen hatte, stand Bryce wieder am Fuß des Berges. Bei ihm waren seine Familie, seine Freunde und ein Fernsehteam, das seinen Rekordversuch filmen wollte.

Bryce brannte darauf, Kings Rekord zu brechen. Er wusste, dass das vor allem eine Kopfsache war. Er rannte los. Nach einer Weile fing sein Herz an zu hämmern und seine Beine begannen zu brennen. Er gab alles und erreichte den Gipfel nach einer Stunde und 53 Minuten. Dort schob er seine Kontrollkarte unter einen Stein. Er wusste, dass er Kings Rekord nur auf dem Weg nach unten brechen konnte. Bryce rannte, was das Zeug hielt. Ein paar Freunde, die am Weg standen und ihn anfeuerten, erzählten ihm später, sein Gesicht sei durch den Sauerstoffmangel violett angelaufen.

Nach 3 Stunden, 6 Minuten und 25 Sekunden kam Bryce unter begeistertem Jubel mit blutenden Knien, zerfetzten Laufschuhen und furchtbaren Kopfschmerzen ins Ziel. Er hatte das Unmögliche geschafft! Diese Neuigkeit verbreitete sich wie ein Lauffeuer. Bryce wurde als einer der schnellsten Bergsteiger der Welt gefeiert. »Nun war ich wer!«, sagte er später zu mir. »Mein Talent zum Klettern und Bergsteigen war etwas, an dem ich arbeiten konnte und das mir jede Menge Selbstvertrauen gab.«

Heute leitet Bryce sein eigenes, sehr erfolgreiches Unternehmen, das hochwertige Rucksäcke für Bergsteiger und Kletterer herstellt. Aber das Wichtigste ist: Er hat etwas aus seinem Talent gemacht und dabei auch noch seinen Traumjob gefunden. Übrigens: Bryce hält den Rekord am Grand Teton bis heute.

Also dann: Wenn du einen extra Schuss Selbstvertrauen brauchen kannst, fang gleich heute damit an, auf dein Selbstwertkonto einzuzahlen. Du wirst die positiven Auswirkungen sofort spüren. Und denk dran: Du musst nicht auf Berge klettern, um eine Einzahlung zu machen. Es gibt unzählige ungefährlichere Möglichkeiten!

## Kleine Schritte

1. **Halte deine Versprechen**
Steh auf, wenn der Wecker klingelt. Drück nicht auf die Schlummertaste oder den Aus-Knopf, um dann noch länger liegen zu bleiben.

2. **Sei freundlich zu anderen**
Tu heute mal was besonders Nettes. Trag beispielsweise den Müll raus, bring den Laptop deiner Mutter auf Vordermann oder gibt deinen Geschwistern etwas von deiner Schokolade ab.

3. **Sei nachsichtig mit dir selbst**
Versuch, einen ganzen Tag lang nichts Negatives über dich zu denken. Jedes Mal wenn du dich bei einem negativen Gedanken ertappst, musst du drei positive Gedanken über dich dagegenstellen.

### 4. Sei aufrichtig und ehrlich

Wenn dich das nächste Mal jemand fragt, was du so vorhast oder wie es dir geht, erzähl die ganze Geschichte. Lass keine wichtigen Dinge aus, und versuch nicht, dein Gegenüber auf eine falsche Fährte zu führen.

### 5. Achte auf dich

Was würde dir Spaß machen und deine Laune heben? Mach das am besten gleich – dreh beispielsweise die Musik auf und tanz dazu! Hast du irgendwie zu gar nichts Lust? Raff dich jetzt sofort auf und lauf eine Runde um den Block.

### 6. Nutze deine Talente

Überleg dir: Welches Talent würdest du gern weiter ausbauen? Schreib konkrete Schritte auf, wie du das machen willst.

Ein Talent, das ich ausbauen möchte:

________________________________________

________________________________________

Wie ich das genau machen werde:

________________________________________

________________________________________

________________________________________

________________________________________

# Der 1. Weg: Pro-aktiv sein

Nimm dein Leben in die eigene Hand

**Als Teenager** hatte ich es zu Hause echt nicht leicht.
Mein Vater hat mich nämlich immer für alles verantwortlich gemacht.

Wenn ich sagte: »Papa, meine Freundin geht mir echt auf die Nerven!«, erwiderte mein Vater: »Na komm, Sean – niemand kann dich nerven, wenn du das nicht willst. Es ist deine Entscheidung. Du hast dich dafür entschieden, dich nerven zu lassen.« Und wenn ich sagte: »Mein neuer Bio-Lehrer hat es einfach nicht drauf; bei dem werde ich nichts lernen!«, entgegnete mein Vater: »Setz dich mit anderen zusammen, gründet eine Arbeitsgruppe und besorgt euch ein paar gute Bio-Bücher. Wenn du nichts lernst, ist das deine eigene Schuld, nicht die deines Lehrers.«

Er ließ nie zu, dass ich anderen die Schuld für etwas in die Schuhe schob, das ich selbst zu verantworten hatte. Oft blaffte ich dann zurück: »Das stimmt nicht, Papa! Ich kann nichts dafür, dass meine Freundin mir auf die Nerven geht. Sie GEHT mir auf die Nerven und basta. Und jetzt lass mich in Ruhe!«

Die Idee meines Vaters, dass jeder für sein eigenes Leben verantwortlich ist, war für mich als Teenager eine harte Nuss. Doch heute weiß ich, dass er recht hatte. Er wollte mir zeigen, dass es zwei Typen von Menschen gibt: pro-aktive und reaktive. Die einen übernehmen die Verantwortung für ihr Leben, die anderen nicht. Die einen sorgen dafür, dass etwas geschieht, die anderen lassen alles mit sich geschehen.

Der 1. Weg, »Pro-aktiv sein«, ist der Schlüssel zu allen übrigen Wegen. Genau deshalb steht er auch an erster Stelle. Er sagt: »*Ich* bin der Kapitän. *Ich* habe mein Leben selbst in der Hand. *Ich* kann meine Einstellung selbst wählen. *Ich* bin für mein Glück oder mein Unglück verantwortlich!« Solange du den 1. Weg nicht beschritten hast, liegen alle anderen Wege außerhalb deiner Reichweite.

## Du hast die Wahl ...

Du und ich, wir haben täglich ungefähr 100-mal die Chance zu entscheiden, ob wir pro-aktiv oder reaktiv sein wollen – ob wir selber etwas tun oder warten wollen, bis andere etwas machen. Nimm irgendeinen x-beliebigen Tag. Vielleicht ist das Wetter schlecht, jemand schickt dir eine doofe WhatsApp, deine Schwester hat einfach deinen Lieblingspulli angezogen, deine Freunde lästern hinter deinem Rücken über dich, deine Eltern erlauben dir nicht, auf eine Party zu gehen, oder du hast eine Fünf in Mathe. Was machst du dann? Bist du nur genervt und lässt dir den Tag vermiesen? Oder unternimmst du von dir aus etwas und suchst aktiv nach einer Lösung? Es ist deine Entscheidung. Du musst nicht so reagieren, wie es alle anderen tun würden oder wie man es von dir erwartet.

Wie oft hat sich ein anderer dir gegenüber schon ziemlich blöd benommen? Was machst du dann? Brüllst du los? Zeigst du ihm einen Vogel? Lässt du dir dadurch den Tag verderben? Oder gibst du einfach nichts darauf? Lachst du darüber? Lässt es einfach hinter dir? Du hast die Wahl!

Reaktive Menschen lassen sich von ihren Gefühlen leiten. Sie sind wie Cola-Dosen – sobald das Leben sie ein bisschen schüttelt, stehen sie so unter Druck, dass sie plötzlich explodieren. Pro-aktive Menschen sind da ganz anders. Sie *denken nach*, bevor sie handeln. Sie wissen, dass sie nicht über alles, was ihnen passiert, die Kontrolle haben, wohl aber darüber, wie sie darauf reagieren. Pro-aktive Menschen sind wie stilles Mineralwasser. Sosehr man sie auch schüttelt, es tut sich nichts – kein Zischen, kein Blubbern, kein Druck. Sie bleiben ruhig, gelassen und souverän. Kurzum: Sie haben die Kontrolle!

## Situation Nr. 1

Du siehst auf Facebook Party-Bilder von deiner besten Freundin. Eigentlich wolltet ihr an dem Abend gemeinsam weggehen. Doch sie hat abgesagt, weil sie angeblich viel zu müde war und früh schlafen gehen wollte. Du fühlst dich hintergangen und bist verletzt.

### Reaktive Antwort

- Du bist traurig und deprimiert, weil sie so fies mit dir umgeht.
- Du findest, dass sie eine gemeine Lügnerin ist, und sprichst kein Wort mehr mit ihr.
- Du zahlst es ihr heim, indem du nichts mehr gemeinsam mit ihr unternimmst.

### Pro-aktive Antwort

- Du verzeihst ihr und gibst ihr eine zweite Chance.
- Du sprichst sie direkt auf ihr Verhalten an und erklärst ihr, wie schlecht sich das für dich anfühlt.

## Situation Nr. 2

Du hast jetzt schon seit über einem Jahr einen Nebenjob im Supermarkt und warst in der ganzen Zeit extrem fleißig und total zuverlässig. Vor drei Monaten ist ein neuer Junge dazugekommen. Jetzt hat man ihm die begehrte Schicht am Samstagnachmittag gegeben, auf die du eigentlich gehofft hattest.

### Reaktive Antwort

- Du jammerst allen vor, wie gemein und ungerecht das ist.
- Du schaust dem Neuen ganz genau auf die Finger, um herauszufinden, ob er einen Fehler macht.
- Du arbeitest ab jetzt nur noch mit halbem Einsatz.

### Pro-aktive Antwort

- Du fragst deinen Chef, warum der Neue die bessere Schicht bekommen hat und ob ihr sie vielleicht im Wechsel übernehmen könnt.
- Du machst deine Arbeit weiter engagiert und zuverlässig,

damit du bei der nächsten Schichtvergabe oder Lohnerhöhung ganz oben auf der Liste stehst.

- Du kommst zu dem Schluss, dass der Job eine Sackgasse für dich ist, und siehst dich schnellstmöglich nach etwas Besserem um.

## Auf die Sprache kommt es an

Ob jemand pro-aktiv oder reaktiv denkt, erkennt man oft an seiner Sprache. Reaktive Sprache klingt häufig so:

»*Ach, ich bin eben, wie ich bin. Dafür kann ich nichts.*«

In Wahrheit heißt das: *»Ich bin nicht für mein Verhalten verantwortlich. Ich kann mich nicht ändern. Das liegt alles an meinen Genen.«*

»*Wenn mein Chemielehrer nicht so ein Idiot wäre, wäre alles anders.*«

Damit ist gemeint: *»Ich kann nichts für meine schlechten Noten. Der Lehrer ist an allem schuld.«*

»*Wäre ich doch nur auf einer anderen Schule, hätte bessere Freunde und coolere Eltern, dann wäre alles gut.*«

Dahinter steht die Vorstellung: *»Ob ich glücklich und zufrieden bin, hängt nicht von mir ab, sondern von anderen Leuten oder den ›Umständen‹.«*

Mein Freund John Bytheway bringt das in seinem Buch *What I Wish I'd Known in High School* sehr gut auf den Punkt: Wenn du reaktiv bist, ist es, als ob du anderen die Fernbedienung für dein Leben in die Hand drückst und sagst: »Stell mal meine Laune ein.« Durch eine pro-aktive Sprache holst du dir die Fernbedienung für dein Leben zurück und kannst selbst bestimmen, welches Programm du sehen möchtest.

| **Reaktive Sprache** | **Pro-aktive Sprache** |
|---|---|
| *Ich werde es versuchen.* | *Ich mache es.* |
| *So bin ich nun mal.* | *Ich kann mich ändern.* |
| *Ich kann nichts dagegen tun.* | *Ich finde eine andere Möglichkeit.* |
| *Ich muss ...* | *Ich werde ...* |
| *Ich kann nicht ...* | *Ich krieg das hin.* |
| *Du hast meinen Tag ruiniert.* | *Ich lass mir von dir nicht die Laune verderben.* |

## Du bist kein Opfer!

Reaktive Menschen leiden an einem gefährlichen »Virus«: Sie sehen sich als Opfer. Wer vom *Opfer-Virus* befallen ist, der denkt: Alle wollen mir nur Böses! Adreana kommt aus Chicago. Sie wuchs in einer Familie auf, in der das Opfer-Virus stark verbreitet ist:

*Ich bin schwarz. Und ich bin stolz darauf! Meine Hautfarbe hat mir nie im Weg gestanden. In meiner Familie ist das komplett anders. Meine Mutter ist 50 Jahre alt. Sie stammt aus dem Süden und tut so, als ob die Sklaverei noch nicht abgeschafft worden wäre. Dass ich auf die Uni gehe, empfindet sie als Bedrohung. Irgendwie fürchtet sie, dass ich zu den Weißen überlaufen könnte. Sie jammert immer und sagt: »Die Weißen halten uns davon ab, dieses oder jenes zu tun. Sie unterdrücken uns und lassen uns nichts machen!« Dann entgegne ich: »Dich hindert niemand daran, irgendwas zu tun. Wenn du das denkst, stehst du dir nur selber im Weg!«*

*Ich bin fest davon überzeugt, dass mich niemand aufhalten kann. Wenn mich jemand hindert, etwas zu tun, dann bin ich das selbst.*

Reaktive Menschen mit einer Opfermentalität erkennst du an folgenden Eigenschaften:

- Sie sind schnell beleidigt.
- Sie schieben die Schuld gern anderen in die Schuhe.
- Sie sind Weltmeister im Jammern und Kritisieren.
- Sie ändern sich nur, wenn es gar nicht mehr anders geht.

## Pro-Aktivität zahlt sich aus

Pro-aktive Menschen sind da ganz anders:

- Sie sind nicht gleich beleidigt.
- Sie stehen zu ihren Entscheidungen.
- Sie denken nach, bevor sie handeln.
- Sie lassen sich nicht so leicht unterkriegen.

Ich erinnere mich noch genau an die Zeit, als ich einen neuen Job antrat. Einer meiner Kollegen hieß Randy. Aus irgendeinem Grund konnte er mich nicht leiden – und das ließ er mich auch spüren. Ständig warf er mir irgendwelche Gemeinheiten an den Kopf.

Manchmal hätte ich ihm am liebsten eine gescheuert. Doch ich hatte mir fest vorgenommen, mich nicht von ihm provozieren zu lassen. Wenn er mich beleidigte, blieb ich ruhig und freundlich. Ich war überzeugt: Wenn Randy merkte, dass er bei mir auf Granit biss, würde er mich irgendwann in Ruhe lassen. Randy erkannte, dass ich mich nicht auf sein Spiel einließ, sondern pro-aktiv gegensteuerte. Allmählich wurde er immer netter und freundlicher. Nach einem knappen Jahr wurden wir sogar Freunde. Das wäre sicher nicht der Fall gewesen, wenn ich ohne nachzudenken auf seine Angriffe reagiert hätte.

Jetzt denkst du wahrscheinlich: »Na komm, Sean, so einfach ist das mit dem Pro-aktiv-Sein auch wieder nicht!« Das stimmt. Es ist viel leichter, reaktiv zu sein, zu jammern oder unkontrolliert loszupoltern. Aber keine Sorge: Keiner verlangt von dir, dass du perfekt bist. Niemand ist komplett pro-aktiv oder reaktiv. Wir alle liegen irgendwo dazwischen. Wichtig ist, dass du es dir zur Gewohnheit machst, dich pro-aktiv zu verhalten. Steigere dich langsam. Du wirst sehen: Irgendwann musst du gar nicht mehr groß darüber nachdenken. Und unterschätze nie die Wirkung, die sich bereits mit kleinen Veränderungen erzielen lässt.

## Du hast nur eine Sache komplett in der Hand

Tatsache ist: Wir haben nicht über alles in unserem Leben die Kontrolle. Wir können nicht bestimmen, wer unsere Eltern sind, wie andere uns behandeln oder wer Fußballweltmeister wird. Doch über eins *haben* wir die Kontrolle: darüber, *wie wir auf das reagieren, was mit uns passiert*. Und das zählt! Also, zerbrich dir nicht den Kopf über Dinge, auf die du keinen Einfluss hast. Kümmere dich lieber um das, was du selbst steuern kannst.

Stell dir zwei Kreise vor: Der innere Kreis beschreibt den Bereich, auf den du Einfluss hast. Deshalb heißt er auch *Einflussbereich*. Dieser Bereich umfasst dich, deine Einstellung, deine Entscheidungen und deine Reaktion auf alles, was mit dir passiert. Der äußere Kreis hingegen entzieht sich deiner Kontrolle. Dort sind Tausende von Dingen, für die du dich interessierst, die du aber nicht ändern kannst. Deshalb wird dieser Bereich Interessenbereich genannt.

Was passiert, wenn du dich um Dinge kümmerst, auf die du keinen Einfluss hast, beispielsweise eine blöde Bemerkung, schlecht gelaunte Freunde oder das Wetter? Du hast es sicher schon erraten: Dann hast du das Gefühl, keine Kontrolle zu haben und ein Opfer zu sein. Also, konzentrier dich lieber auf das, was in deinem Einflussbereich liegt.

Renatha hat mir eine Geschichte erzählt, die diesen Punkt verdeutlicht. Vor einem wichtigen Volleyballspiel hörte sie, dass sich die Mutter einer Spielerin aus der gegnerischen Mannschaft über sie lustig gemacht hatte. Anstatt das einfach zu ignorieren, ärgerte sie sich maßlos. Sie hatte nur noch ein Ziel: dieser Mutter zu beweisen, dass sie eine Top-Spielerin war. Doch Renatha spielte total schlecht und saß die meiste Zeit auf der Bank. Am Ende gewannen die anderen das Match. Sie hatte sich voll und ganz auf etwas konzentriert, auf das sie keinen Einfluss hatte. Dadurch verlor sie die Kontrolle über das Einzige, was sie in der Hand hatte: sich selbst!

Im Gegensatz zu Renatha konzentrieren sich pro-aktive Menschen auf das, worauf sie Einfluss haben. Sie lernen, mit all den Dingen zu leben, die sie ohnehin nicht ändern können. Ja, sie können sogar darüber lachen. Denn sie wissen, dass es zwecklos ist, sich darüber aufzuregen.

## Rückschläge als Chance sehen

Manchmal teilt dir das Leben vielleicht schlechte Karten aus. Aber was du aus einer Situation machst, liegt ganz bei dir. Das zeigt auch der folgende Artikel von Brad Lemley:*

»Entscheidend ist nicht, was dir im Leben widerfährt, sondern wie du damit umgehst«, sagt W. Mitchell, Selfmade-Millionär, gefragter Vortragsredner, ehemaliger Bürgermeister, Rafter und Fallschirmspringer.

---

* Brad Lemley, *The Man Who Won't Be Defeated*. Aus: Parade. Copyright © 1989.

Wer Mitchell sieht, kann das kaum glauben. Sein Gesicht ist übersät mit Narben, seine Hände sind völlig verstümmelt und seine Beine sind komplett gelähmt. Mitchell sagt, die Leute würden manchmal versuchen zu erraten, wie es zu den Verletzungen kam. Doch die wahre Geschichte übersteigt jede Vorstellungskraft:

Am 19. Juni 1971 war Mitchell auf dem Höhepunkt seines Lebens. Er war jung, gesund, erfolgreich und überall beliebt. An diesem Tag hatte er zum ersten Mal allein ein Flugzeug geflogen.

»Am Nachmittag setzte ich mich auf mein nagelneues Motorrad, um zur Arbeit zu fahren«, erinnert er sich. »Doch an einer Kreuzung stieß ich mit einem Lastwagen zusammen. Das Motorrad kippte um, zerschmetterte mir den Ellbogen und zerquetschte mir das Becken. Außerdem wurde der Tank aufgerissen. Das Benzin lief aus und sofort stand alles in Flammen. Über 65 Prozent meiner Haut waren verbrannt.« Doch Mitchell hatte noch Glück im Unglück: Ein Mann kam geistesgegenwärtig mit einem Feuerlöscher von einem Parkplatz gerannt, löschte das Feuer und rettete ihm das Leben. Sein Gesicht aber war komplett verbrannt, seine Finger waren verkohlt und seine Beine nur noch rotes rohes Fleisch. Über zwei Wochen lag Mitchell im Koma. Viele, die seinen entstellten Körper sahen, fielen einfach in Ohnmacht. 16 Hauttransplantationen und unzählige Operationen waren nötig, um Mitchell halbwegs wieder herzustellen. Es dauerte Jahre, bis er wieder ein annähernd normales Leben führen konnte. Und dann geschah das Unfassbare: Mitchell stürzte mit dem Flugzeug ab und war zu allem Übel jetzt auch noch querschnittgelähmt.

Im Krankenhaus lernte Mitchell einen 19-jährigen, ebenfalls gelähmten Patienten kennen. Er erzählt: »Dieser Junge war Bergsteiger, Skifahrer und viel in der Natur unterwegs gewesen. Er war überzeugt, dass sein Leben jetzt vorbei war. Irgendwann fuhr ich zu ihm hinüber und sagte: ›Weißt du was? Bevor mir all das passiert ist, gab es 10 000 Dinge, die ich machen konnte. Jetzt sind es nur noch 9000. Ich könnte den Rest meines Lebens damit verbringen, den 1000 Dingen nachzutrauern, die ich nicht mehr machen kann. Aber ich habe mich entschieden, mich auf die 9000 zu konzentrieren, die mir geblieben sind!‹«

Es waren zwei Dinge, die Mitchell geholfen haben: zum einen die Liebe und Unterstützung seiner Familie und seiner Freunde, zum an-

deren die Erkenntnis, dass man auch glücklich sein kann, wenn man nicht perfekt aussieht und nicht ganz gesund ist. »Ich habe selbst die Kontrolle über mein Raumschiff!«, erklärt er mit Nachdruck. »Ich kann entscheiden, ob es nach oben oder nach unten geht. Ich hatte die Wahl, meine Situation als Rückschlag zu betrachten oder als Ausgangspunkt für etwas völlig Neues!«

Früher oder später müssen wir alle Rückschläge verkraften: Vielleicht gibt dir deine Freundin den Laufpass? Vielleicht zerstreitest du dich mit deinem besten Freund? Vielleicht bekommst du nicht auf Anhieb einen Studienplatz oder eine Lehrstelle? Dann denke immer an die Geschichte von W. Mitchell. Sei pro-aktiv und richte deine ganze Kraft und Energie auf die Dinge, die du beeinflussen kannst!

Auch ich selbst hatte mit einem schweren Rückschlag zu kämpfen. Zwei Jahre nachdem ich mir auf dem College einen Stammplatz als Quarterback erkämpft hatte, erlitt ich eine schlimme Knieverletzung. Dadurch verlor ich meinen Platz in der Mannschaft. Das war echt hart. Mein ganzes Leben hatte ich auf diese Position hingearbeitet. Es war mein letztes College-Jahr. Das konnte einfach nicht sein!

Jetzt lag es an mir. Ich konnte herumjammern und mich selbst bemitleiden oder ich konnte das Beste aus meiner Situation machen. Zum Glück entschied ich mich für die zweite Möglichkeit. War das leicht für mich? Nein! War es die richtige Entscheidung? Absolut! Ich saß zwar das ganze Jahr auf der Bank, unterstützte das Team aber, wo ich nur konnte. Ich kann dir gar nicht sagen, wie positiv sich diese eine Entscheidung auf mein gesamtes Leben auswirkte.

## Missbrauch verarbeiten

Missbrauch ist eines der schlimmsten Erlebnisse überhaupt und nur sehr schwer zu verarbeiten. Ich werde nie den Vormittag vergessen, den ich mit einer Gruppe Jugendlicher verbracht habe, die sexuell missbraucht oder auf andere Weise emotional oder körperlich misshandelt worden waren. Heather hat mir ihre Geschichte erzählt:

*Mit 14 wurde ich sexuell missbraucht. Es passierte, als ich auf einem Jahrmarkt war. Ein Junge aus meiner Schule sagte zu mir: »Ich muss unbedingt mit dir sprechen, komm bitte ein paar Minuten mit!« Dieser Junge war ein Freund, er war immer nett zu mir gewesen. Deshalb hatte ich keine Bedenken. Wir gingen bis zum Sportplatz der High School. Dort passierte es dann. Er vergewaltigte mich.*

*Er drohte mir immer wieder: »Wenn du das irgendjemand erzählst, wird dir niemand glauben. Du hast ja gewollt, dass es passiert, sonst wärst du nicht mitgekommen.« Er sagte auch, dass sich meine Eltern ungeheuer schämen würden, wenn die Sache ans Licht käme.*

*Zwei Jahre lang behielt ich alles für mich. Dann konnte ich nicht mehr. Ich ging zu einem Treffen bei einer Hilfsorganisation. Hier erzählten Missbrauchsopfer, was ihnen passiert war. Und dann stand dieses Mädchen auf und schilderte eine Geschichte, die genau so klang wie meine. Als sie den Namen des Jungen nannte, konnte ich die Tränen nicht zurückhalten – es war derselbe, der auch mich vergewaltigt hatte! Später stellte sich heraus, dass er insgesamt sechs Mädchen missbraucht hatte.*

Zum Glück geht es Heather inzwischen wieder besser. Sie gehört zu einer Gruppe von Jugendlichen, die anderen Missbrauchsopfern helfen. Außerdem hat sie den Jungen angezeigt und so dazu beigetragen, dass er nicht noch mehr Mädchen vergewaltigen konnte. Das ist eine starke, pro-aktive Antwort auf das, was mit ihr passiert ist.

Leider ist auch die Geschichte von Bridgett kein Einzelfall:

*Als ich 5 war, wurde ich von jemandem aus meiner Familie sexuell missbraucht. Ich traute mich nicht, es jemandem zu erzählen. Stattdessen versuchte ich, meinen Schmerz und meine Wut in mir zu begraben. Erst nach 13 Jahren stellte ich mich endlich dem Albtraum aus meiner Kindheit.*

*Viele Menschen haben dasselbe oder etwas Ähnliches durchgemacht. Die meisten verschweigen es. Weshalb? Manche haben Angst um ihr Leben, andere wollen sich oder jemand anderen schützen. Doch schweigen ist immer verkehrt. Es hinterlässt in der Seele einen blutenden Schnitt, der so tief ist, dass er unheilbar scheint. Diese klaffende Wunde kann man nur schließen, wenn man sich der Sache stellt. Man muss sich jemanden suchen, mit dem man reden kann, einen Menschen, dem man sich anvertrauen kann. Es ist ein langer, schwieriger Prozess, aber nur so kann man wieder anfangen, zu leben.*

Niemand, der missbraucht worden ist, trägt die Schuld daran! Es gibt also keinen Grund zu schweigen. Sprich mit einer Person deines Vertrauens, schließ dich einer Selbsthilfegruppe an oder geh zu einem Therapeuten. Und wenn die erste Person, mit der du sprichst, nicht auf dich eingeht oder dir nicht glaubt? Such weiter, bist du jemanden findest, der dir zuhört. Die Möglichkeit, dich einem anderen anzuvertrauen, ist ein wichtiger Schritt im Heilungsprozess. Ergreif die Initiative. Du musst diese Last keinen Tag länger allein tragen!

## Werde zum »Veränderer«

Neulich fragte ich eine Gruppe von Jugendlichen: »Wer sind eure *Vorbilder*?« Ein Mädchen nannte seine Mutter, ein Junge seinen Bruder, aber einer sagte gar nichts. Er meinte nur: »Ich hoffe, dass ich nicht so werde wie die Leute, die eigentlich meine Vorbilder sein sollten!«

Das ist leider bei vielen so. Sie kommen aus zerrütteten Familien und haben niemanden, an dem sie sich orientieren können oder wollen.

Ob Alkohol, Drogen oder Gewalt: Das Erschreckende ist, dass schlechte Gewohnheiten häufig von den Eltern an die Kinder weitergegeben werden. Auch wenn es in deiner Familie Alkohol- oder Drogensüchtige gibt oder noch nie jemand studiert hat, ist das noch lange kein Grund aufzugeben: Du kannst diese Negativspirale unterbrechen. Mach dir diese schlechten Gewohnheiten bewusst. Dann kannst du dich von ihnen verabschieden und sie durch bessere Gewohnheiten ersetzen. Denn genau das ist »Pro-Aktivität«. Wie das geht? Das zeigt die Geschichte von Hilda:

In Hildas Familie war Bildung ein Fremdwort. Ihre Eltern hatten keinen Schulabschluss, und Hilda konnte miterleben, wohin das führt: »Meine Mutter arbeitete für wenig Geld als Näherin in einer Fabrik und mein Vater verdiente auch nur etwas mehr als den Mindestlohn. Ich bekam oft mit, wie sich die beiden ums Geld stritten oder nicht wussten, wovon sie die Miete bezahlen sollten.«

Hilda erinnert sich noch genau daran, dass ihr Vater ihr nie bei den Hausaufgaben helfen konnte, weil er nicht richtig lesen konnte. Das war sehr schlimm für sie.

Als Hilda zwölf war, zog ihre Familie von Kalifornien nach Mexiko zurück. Hilda wurde schnell klar, dass es dort für sie kaum Bildungschancen gab. Deshalb bat sie ihre Eltern, bei ihrer Tante in den USA leben zu dürfen. Für die Schule nahm sie einiges auf sich: »Ich wurde mit meiner Cousine in ein winziges Zimmer gepfercht und musste sogar das Bett mit ihr teilen. Außerdem musste ich arbeiten, um meiner Tante Miete zahlen zu können. Das alles war ziemlich hart für mich. Aber ich würde es immer wieder machen. Während der High School heiratete ich und bekam einen Sohn. Trotzdem arbeitete ich auf Hochtouren an meinem Abschluss. Mein Vater sagte immer, dass niemand aus unserer Familie je etwas Richtiges lernen könnte. Und ich wollte ihm unbedingt beweisen, dass er falsch lag!«

Das hat Hilda geschafft. Schon bald wird sie ihr Diplom in Betriebswirtschaft in der Tasche haben. Ganz wichtig ist ihr, ihrem Sohn von klein auf zu zeigen, wie wichtig und wertvoll Bildung ist: »Wenn ich nicht in der Uni bin, sitze ich jede freie Minute auf der Couch und lese ihm etwas vor. Ich bringe ihm Englisch und Spanisch bei. Schon jetzt versuche ich, Geld für seine Ausbildung zurückzulegen. Und wenn er eines Tages Hilfe bei den Hausaufgaben braucht, dann werde ich für ihn da sein.«

Auch du hast die Kraft, dich von den schlechten Gewohnheiten deiner Familie zu lösen. Du kannst zu einem »Veränderer« werden und so die Grundlage für ein besseres Leben für dich und deine Nachkommen legen.

## Trainiere deine pro-aktiven Muskeln

Das folgende Gedicht fasst sehr gut zusammen, was es heißt, sein Leben in die eigenen Hände zu nehmen:

### Autobiografie in 5 kurzen Kapiteln

Aus: *There's a Hole in My Sidewalk* von Portia Nelson*

**I**

Ich gehe die Straße entlang.
Im Gehweg ist ein tiefes Loch.
Ich falle hinein.
Ich bin verloren ... ich bin hilflos.
Es ist nicht meine Schuld.
Und ich brauche ewig, um wieder herauskommen.

**II**

Ich gehe die Straße noch mal entlang.
Im Gehweg ist ein tiefes Loch.
Ich ignoriere es.
Ich falle wieder hinein.

---

* Copyright © 1993, Portia Nelson. Hillsboro, Oregon: Beyond Words Publishing, Inc.

Ich kann nicht glauben, dass ich schon wieder in diesem Loch
gelandet bin.
Aber es ist nicht meine Schuld.
Wieder brauche ich ewig, um herauszukommen.

### III

Ich gehe die Straße ein weiteres Mal entlang.
Im Gehweg ist ein tiefes Loch.
Ich kann es sehen.
Ich falle trotzdem hinein. Das ist die Gewohnheit.
Meine Augen sind geöffnet. Ich weiß, wo ich bin.
Es ist meine Schuld. Ich klettere sofort hinaus.

### IV

Ich gehe noch einmal die Straße entlang.
Im Gehweg ist ein tiefes Loch.
Ich mache einen Bogen darum.

### V

Ich gehe eine andere Straße entlang.

## Du kannst das!

»Pro-aktiv sein« umfasst genau genommen zwei Dinge:

1. Du übernimmst die Verantwortung für dein Leben selbst.
2. Du legst dir eine »Ich kann das!«-Einstellung zu und verabschiedest dich von der ewigen »Geht nicht!«-Denke.

Zwischen »Ich kann das!« und »Geht nicht!« besteht ein riesengroßer Unterschied.

| »Ich kann das«-Menschen … | »Geht nicht«-Menschen … |
|---|---|
| *ergreifen die Initiative und legen von sich aus los* | *warten darauf, dass etwas passiert* |
| *suchen nach Chancen und Lösungsmöglichkeiten* | *sehen nur Probleme und Hindernisse* |
| *handeln überlegt* | *reagieren, ohne nachzudenken* |

Mit einer »Ich kann das!«-Einstellung, etwas Kreativität und Ausdauer kannst du sehr viel erreichen. Ich weiß noch, wie mir im College gesagt wurde, dass ich einen bestimmten Sprachkurs belegen müsste. Doch ich hatte keine Lust auf diesen Kurs und fand die Inhalte auch noch total sinnlos. Deshalb beschloss ich, meinen eigenen Kurs zu machen. Ich stellte eine Liste mit Büchern zusammen, die ich lesen wollte. Auf die Liste kamen zudem die Aufgaben, die ich lösen wollte. Dann suchte ich einen Dozenten, der bereit war, mir für »mein Seminar« den Schein zu geben. Schließlich stellte ich meine Idee dem Dekan vor. Er war einverstanden. Und am Ende bekam ich meinen Schein für einen Sprachkurs Marke Eigenbau.

Wenn du deine Ziele erreichen willst, musst du die Initiative ergreifen. Bist du gefrustet, weil niemand etwas mit dir unternehmen will? Dann sitz nicht beleidigt rum – tu was dagegen! Geh auf andere zu, frag sie, ob sie mit dir weggehen. Dann musst du auch nicht länger alleine zu Hause rumsitzen.

Warte auch nicht darauf, dass dir der perfekte Job in den Schoß fällt – such ihn dir! Verschick deinen Lebenslauf, bau dir ein Netzwerk auf, oder biete an, erst einmal ein unbezahltes Praktikum zu machen.

Manche glauben, eine »Ich kann das!«-Einstellung bedeute, aufdringlich, nervig oder überheblich zu sein. Doch das stimmt nicht. Entscheidend sind vielmehr Qualitäten wie Mut, Ausdauer und Einfallsreichtum. Andere meinen, Menschen mit einer »Ich kann das!«-Einstellung würden sich die Regeln zurechtbiegen und sich ihre eigenen Gesetze machen. In Wirklichkeit sind sie aber voller Tatendrang, kreativ und ganz schön erfinderisch. Dazu passt auch die Geschichte, die mir meine Freundin Pia erzählt hat:

*Ich war eine junge Journalistin in einer europäischen Großstadt und arbeitete als Reporterin für United Press International. Doch weil ich noch nicht viel Erfahrung hatte, war ich unsicher und befürchtete, die Erwartungen meines Teams nicht erfüllen zu können.*

*Eines Tages kamen die Beatles in die Stadt – und ich sollte die Berichterstattung übernehmen. Ich war total überrascht. Denn damals waren die Beatles eine absolute Sensation. Allein beim Anblick der Band wurden die Mädchen reihenweise ohnmächtig.*

*Die Pressekonferenz mit den Beatles fand in einem Luxushotel statt. Ich konnte es kaum fassen, dass ich dabei sein durfte. Allerdings wurde mir schnell klar, dass alle anwesenden Journalisten dieselbe Geschichte schreiben würden. Ich brauchte mehr – etwas wirklich Besonderes, Stoff für die Titelseite!*

*Nach der Pressekonferenz fuhren die anderen Reporter schnell in ihre Büros zurück, um ihre Artikel zu schreiben. Die Beatles gingen in ihre Penthouse-Suite im Hotel. Und ich? Ich stand da und dachte: Ich muss einfach an die Jungs rankommen – egal wie! Also ging ich in die Empfangshalle des Hotels, hob das Haustelefon ab und wählte die Nummer des Penthouse. Ihr Manager meldete sich, und ich sagte forsch: »Hier ist Pia Jensen von United Press International. Ich würde gern mit den Beatles sprechen!« Zu meinem Erstaunen meinte er: »Gut, kommen Sie rauf!«*

*Mit zitternden Knien stieg ich in den Fahrstuhl und fuhr ins oberste Stockwerk. Die Penthouse-Suite war gigantisch – und hier saßen sie alle: Ringo, Paul, John und George! Ich versuchte, mir meine Nervosität nicht anmerken zu lassen, sondern wie eine Weltklasse-Reporterin aufzutreten.*

*Die nächsten beiden Stunden wurden die besten meines Lebens: Ich lachte mit den Beatles, hörte zu, stellte Fragen und schrieb alles auf. Am nächsten Morgen prangte meine Geschichte auf den Titelseiten aller führenden Zeitungen des Landes. Meine Interviews mit den einzelnen Beatles erschienen in den folgenden Tagen weltweit in zahllosen Zeitungen.*

*Jetzt rate mal, wen sie hinschickten, als bald darauf die Rolling Stones in die Stadt kamen? Mich, eine junge, unerfahrene Reporterin! Ich machte es wieder so wie bei den Beatles – und es funktionierte auch dieses Mal. Schnell wurde mir klar, was ich erreichen konnte, wenn ich hartnäckig, aber freundlich war.*

*Ich war überzeugt, alles schaffen zu können. So bekam ich fast immer die beste Geschichte und machte Karriere als Reporterin.*

## Einfach mal die Pausentaste drücken

Angenommen, jemand ist total doof und unfreundlich zu dir. Was kannst du tun, um souverän und gelassen damit umzugehen? Drück auf die Pausentaste. Reagier nicht sofort. Lass dir kurz Zeit, und überleg erst mal, was du jetzt machen willst. Das hilft dir, bessere Entscheidungen zu treffen.

Es stimmt schon: Deine Kindheit, deine Eltern, deine Gene und dein Umfeld haben einen gewissen Einfluss auf dein Verhalten. Aber nichts und niemand kann dich zu einer bestimmten Reaktion *zwingen*. Dein Leben ist nicht im Voraus festgelegt. Du hast die *Freiheit*, den Kurs selbst zu bestimmen.

### Dein persönlicher »Werkzeugkasten«

Während dein Leben auf Pause steht, solltest du den Werkzeugkasten öffnen, der dir bei deiner Geburt mitgegeben wurde. Darin findest du vier Werkzeuge, die dir helfen, dein Leben in die eigene Hand zu nehmen:

1. **Selbstwahrnehmung:** Ich kann gedanklich aus mir heraustreten und meine Gedanken und mein Handeln aus der Distanz betrachten.
2. **Gewissen:** Meine innere Stimme verrät mir, ob es richtig oder falsch ist, was ich tue, sage oder denke.
3. **Vorstellungskraft:** Ich kann verschiedene Möglichkeiten vor meinem inneren Auge durchspielen.
4. **Willenskraft:** Ich habe die Macht, mein Verhalten bewusst zu steuern.

Wie diese Werkzeuge funktionieren? Stell dir vor, dass ein Mädchen namens Rosa mit seinem Hund Wuff spazieren geht:

*He, alter Junge! Wie wäre es mit einem Spaziergang?«, sagt Rosa. Wuff springt aufgeregt um sie herum. Rosa hat eine schlimme Woche hinter sich. Sie hat mit ihrem Freund Eric Schluss gemacht und dann hat sie auch noch Stress mit ihrer Mutter.*

*Beim Spazierengehen denkt Rosa über die vergangene Woche nach: »Die Trennung von Eric war schrecklich für mich. Wahrscheinlich war ich deshalb so gemein zu Mama – ich habe meinen ganzen Frust an ihr ausgelassen.«*

Merkst du, was Rosa da macht? Sie steht sozusagen neben sich und macht sich Gedanken über ihr Verhalten. Genau das ist Selbstwahrnehmung. Dadurch erkennt Rosa, dass ihre Trennung von Eric ihre Beziehung zu ihrer Mutter belastet. Das ist der erste Schritt, um anders mit ihrer Mutter umzugehen.

*Und Wuff? Der hat inzwischen eine Katze gesehen und jagt ihr hinterher – ganz instinktiv.*

Wuff ist ein sehr netter Hund, aber er hat keinerlei Selbstwahrnehmung. Er weiß nicht mal, dass er ein Hund ist. Er kann sein Verhalten nicht hinterfragen und sich sagen: »Seit meine liebste Hundefreundin Suzy weggezogen ist, lasse ich meine Wut an allen Katzen in der Gegend aus.«

*Nach einer Weile beginnen Rosas Gedanken zu wandern. Morgen ist das Konzert in der Schule. Sie wird ein Solo singen und kann es kaum noch abwarten. Rosa stellt sich vor, wie sie das Publikum begeistert und überglücklich die Beifallsstürme ihrer Freunde und Lehrer entgegennimmt …*

Rosa benutzt jetzt ihr zweites Werkzeug: ihre Vorstellungskraft. Sie hilft ihr, ihrer momentanen Situation zu entfliehen. Dank ihrer Vorstellungskraft kann sich Rosa die Zukunft in den buntesten Farben ausmalen und davon träumen, was ihr das Leben alles bringen wird.

Im Gegensatz zu Rosa hat Wuff keine Vorstellungskraft. Er kann nicht allein durch seine Gedanken neue Möglichkeiten entdecken.

Oder kannst du dir vorstellen, dass Wuff denkt: »Eines Tages werde ich eine Luxushundehütte haben – mit eigenem Pool«?

*Plötzlich meldet sich Rosas Handy. Sie hat eine Nachricht von ihrer neuen Freundin Taylor bekommen: »Hi, wie geht's?«*

*»Gehe gerade mit Wuff Gassi«, schreibt Rosa zurück.*

*Taylor antwortet: »Stimmt das mit dir und Eric? Das ist ja der Hammer!« Rosa ist sauer, dass Taylor Eric erwähnt. Das geht sie echt nichts an. Am liebsten würde sie Taylor das auch schreiben. Doch sie weiß, dass Taylor neu an der Schule ist und Anschluss sucht. Daher hat sie das Gefühl, dass sie nicht allzu grob zu ihr sein sollte. Also schreibt sie:*

*»Ja, tut weh. Egal. Wie geht's dir denn so?«*

Gerade hat sich das Gewissen bei Rosa bemerkbar gemacht. Es ist die innere Stimme, die uns sagt, was richtig oder falsch ist. Je nachdem, ob wir unserem Gewissen folgen oder nicht, meldet es sich mehr oder weniger laut zu Wort.

*Inzwischen hat Wuff an Mr Newmans frisch gestrichenen Lattenzaun gepinkelt. Wuff hat kein Gewissen. Er weiß nicht, was richtig oder falsch ist. Wuff tut einfach das, was sein Instinkt ihm vorgibt.*

*Als Wuff und Rosa wieder zu Hause sind, ruft ihre Mutter: »Rosa, wo warst du denn? Ich hab dich gesucht!« Am liebsten würde Rosa zurückbrüllen: »Lass mich doch in Ruhe!«*

*Aber sie hat sich vorgenommen, ihren Frust nicht mehr an ihrer Mutter auszulassen. Deshalb sagt sie: »Hab eine kurze Runde mit Wuff gedreht.« Und dann ruft sie: »Wuff! Wuff! Komm hierher!!!« Wuff ist nämlich nach draußen gerannt, um den Briefträger zu jagen.*

Rosa hat ihre Wut im Zaum gehalten und ihre Mutter nicht angebrüllt. Dazu hat sie das vierte Werkzeug benutzt: ihren freien Willen. Wuff dagegen folgt allein seinem Instinkt. Er muss den Briefträger einfach jagen, obwohl man ihm das schon so oft verboten hat.

Im Gegensatz zu Wuff sind wir Menschen in der Lage, selbst über unser Verhalten zu bestimmen. Wir können unsere Gefühle kontrollieren und sind nicht gezwungen, blindlings unseren Instinkten zu folgen.

Dieses Beispiel zeigt, wie wichtig die vier menschlichen Werkzeuge sind. Sie sind der Schlüssel, um pro-aktiv zu sein. Je öfter wir sie einsetzen, desto wirkungsvoller werden sie. Was aber, wenn du sie ungenutzt in deiner Werkzeugkiste verstauben lässt? Dann *reagierst* du nur rein instinktiv. So verspielst du die Chance, eigene Entscheidungen zu treffen und danach zu handeln.

Das ist wie in der alten VW-Werbung »Fahrer gesucht«. Hier hieß es: »Auf der Straße des Lebens gibt es Fahrer und Beifahrer.« Und wie ist es bei dir? Sitzt du auf dem Fahrersitz deines Lebens? Hast du das Lenkrad selbst in der Hand? Benimmst du dich wie die durchgeschüttelte Cola-Dose oder wie die souveräne Wasserflasche? Die Entscheidung liegt ganz bei dir!

## Kleine Schritte

1. Achte heute mal genau auf das, was du sagst. Zähl mit, wie häufig du Formulierungen gebrauchst, die nicht zur »Ich kann das«-Einstellung passen – zum Beispiel: »Du machst mich ...«, »Ich muss ...« oder »Ich kann nicht ...«

Reaktive Sätze, die ich besonders oft verwende:

______________________________

______________________________

______________________________

______________________________

2. Tu heute was, das du schon längst machen wolltest, wozu dir bisher aber der Mut gefehlt hat. Pack es an! Frag jemanden, ob ihr etwas gemeinsam unternehmen könnt. Melde dich häufiger im Unterricht. Oder such dir eine neue Sportmannschaft. Was kann dir schon passieren? Wenn es nicht klappt, hast du es wenigstens probiert!

3. Sitz bei der nächsten Party nicht nur rum und warte, dass dich jemand anspricht. Geh offen auf andere zu und komm mit neuen Leuten ins Gespräch.

4. Wenn du Streit mit deinen Eltern oder mit einem Freund hast: Suche nach einer fairen Lösung, und sei bereit, dich als Erster zu entschuldigen.

5. Wenn dir jemand eine doofe Textnachricht schickt: Drück auf deine Pausentaste. Antworte nicht, solange du dich ärgerst. Bleib ganz cool. Überleg erst mal, wie du die Situation am besten bewältigst.

# Der 2. Weg: Schon am Anfang das Ende im Sinn haben

Bestimme deinen Kurs selbst – sonst macht es ein anderer

»Welchen Weg muss ich nehmen?«, fragte Alice die Grinsekatze.
»Das kommt ganz darauf an, wohin du willst«, erwiderte die Katze.
»Das weiß ich nicht«, sagte Alice.
»Dann ist es völlig egal, welchen Weg du nimmst«, antwortete die Grinsekatze.
Aus: »Alice im Wunderland« von Lewis Carroll

Stell dir vor, du willst ein Puzzle machen. Du schüttest die 1000 Teile auf den Tisch. Dann drehst du den Deckel des Kartons um. Denn du willst sehen, was du da zusammenbauen sollst. Aber da ist kein Bild! Wie sollst du ein Puzzle machen, ohne zu wissen, wie es aussieht? Wenn du doch nur ganz kurz das Motiv sehen könntest! Das würde ja reichen. So aber hast du nicht den geringsten Anhaltspunkt, wo du überhaupt anfangen sollst.

Jetzt stell dir mal vor, dein Leben wäre auch ein Puzzle. Hast du eine Idee, wie das fertige Puzzle aussehen soll? Hast du das Ende im Sinn? Kennst du deine Ziele? Weißt du, wo du in einem Jahr stehen willst? In fünf Jahren?

**Schon am Anfang das Ende im Sinn haben:** Beim 2. Weg geht es darum, dass du herausfindest, wo du in deinem Leben hin willst. Was zählt, ist, dass du dir klare Ziele setzt. Der 1. Weg ist der Schlüssel, um dein Leben in die eigene Hand zu nehmen. Der 2. Weg hilft dir, herauszufinden, wohin die Reise gehen soll. Natürlich heißt das nicht, dass du heute schon jedes Detail deiner Zukunft haarklein festlegen musst. Wichtig ist, dass du über den heutigen Tag hinausdenkst und überlegst, welche Richtung du in deinem Leben einschlagen willst. Dann kannst du deine Schritte schon jetzt darauf ausrichten. Vielleicht ist es dir gar nicht bewusst, aber in deinem Alltag machst du das andauernd: Du zeichnest einen Plan, bevor du ein Baumhaus baust. Du liest ein Rezept, bevor du einen Kuchen backst. Du machst dir ein Konzept, bevor du einen Aufsatz schreibst. Das gehört zum Leben dazu.

## Ein kleines Experiment zum 2. Weg

Hast du Lust auf ein Experiment zum 2. Weg? Dann such dir jetzt einen Ort, an dem du für eine Weile ungestört bist. Setz dich ruhig hin. Mach dir keine Gedanken mehr über die Schule, deine Freunde oder deine Familie. Stell dir einfach nur vor, dass jemand auf dich zukommt. Zuerst erkennst du die Person gar nicht. Doch plötzlich siehst du, wer es ist: *Das bist du!* Aber nicht die Person, die du heute bist, sondern die, die du *gern* in einem Jahr *sein möchtest*. Denk bitte gut nach:

- Was hast du im vergangenen Jahr aus deinem Leben gemacht?
- Was hat sich verändert?
- Und: Wie fühlt sich das an?

Wenn du dich auf das Experiment einlässt, wirst du schnell merken, was wichtig für dich ist und was du im nächsten Jahr erreichen willst. Und genau darum geht es, wenn du schon am Anfang das Ende im Sinn hast. Oder anders gesagt: Der 2. Weg ist eine tolle Sache, wenn man seine Träume verwirklichen will. Das hat auch Jim erkannt:

*Ich habe etwas gefunden, das mir hilft, wenn ich frustriert oder deprimiert bin. Ich gehe irgendwo hin, wo ich allein sein kann. Dann schließe ich die Augen und stelle mir vor, wie ich später einmal leben will. Ich male mir mein Traumleben in allen Einzelheiten aus. Dabei denke ich darüber nach, wie ich meine Träume verwirklichen kann und was ich alles ändern muss. Und es klappt tatsächlich – ich hab schon einiges gemacht, um meine Träume wahr werden zu lassen.*

Weshalb ist es so wichtig, schon am Anfang das Ende im Sinn zu haben? Dafür gibt es mindestens zwei gute Gründe:

1. Es wird sich auf dein ganzes weiteres Leben auswirken, welche Wege du heute einschlägst.

2. Nur du kennst deine Träume. Also weißt auch nur du, wie du die Weichen stellen musst, damit sie wahr werden. Und: Wenn du das nicht tust, wird ein anderer über deine Zukunft entscheiden.

## Welche Wege willst du gehen?

Schauen wir uns den ersten der beiden Gründe oben an. Du bist frei. Du hast dein ganzes Leben vor dir. Du kannst entscheiden, welche Richtung du einschlagen willst:

- Möchtest du studieren oder eine Ausbildung machen?
- Willst du die Welt erkunden?
- Möchtest du fremde Sprachen lernen?
- Was wirst du für Freunde haben?
- Wie soll deine Partnerin oder dein Partner sein?
- Willst du eine eigene Familie gründen?
- Wie wird deine Beziehung zu deinen Eltern und Geschwistern sein?
- Was ist mit Zigaretten, Alkohol und Drogen?
- Welche Werte werden dir wichtig sein?
- Wofür willst du stehen?
- Wofür willst du dich engagieren?
- Was möchtest du für deine Mitmenschen und die Gesellschaft tun?

Wofür du dich heute entscheidest, hat großen Einfluss auf deine Zukunft. Zugegeben, das kann einem manchmal schon Angst machen. Aber es ist auch ziemlich spannend.

## Wer sind deine Freunde?

Freunde haben großen Einfluss auf uns. Wir alle suchen nach Anerkennung. Wir wollen von anderen akzeptiert werden und zu einer Gruppe gehören. Das ist allerdings oft ein Problem: Um beispielsweise bei drogensüchtigen Freunden gut dazustehen, musst du in der Regel selbst Drogen nehmen. Manchmal ist es tatsächlich besser, keine Freunde zu haben als die falschen. Falsche Freunde können einen in die falsche Richtung führen. Dann wieder auf den richtigen Weg zurückzukommen, kann unendlich schwer und mühsam sein.

Falls du Schwierigkeiten hast, gute Freunde zu finden, denk dran, dass sie nicht unbedingt in deinem Alter sein müssen. Ich kenne einen Jungen, der in der Schule kaum Freunde hat, dafür aber einen Opa, der ihm zuhört und einfach ein wunderbarer Freund ist. Manchmal kann es auch eine Lösung sein, Freunde übers Internet zu suchen – besonders, wenn du im wahren Leben nur schwer Anschluss findest. Dabei solltest du allerdings vorsichtig mit der Preisgabe persönlicher Daten sein. Natürlich kann jemand im Video-Chat oder auf Instagram nett und vertrauenswürdig erscheinen. Aber woher weißt du, ob das nicht alles Fake ist und sich hinter dem Profil ein absoluter Psychopath verbirgt?

Und was ist mit anzüglichen Textnachrichten oder freizügigen Fotos und Videos? Selbst wenn du die Empfänger gut kennst, solltest du hier extrem vorsichtig sein. Du weißt nie, wer das Ganze noch in die Hände bekommt. Was passiert, wenn dein Freund oder deine Freundin mit dir Schluss macht und deine Texte, Bilder und Videos auf einmal die Runde machen?

Grundsätzlich gilt: Überleg dir gut, welche Freunde du dir aussuchst. Deine Zukunft hängt stark davon ab, mit wem du deine Zeit verbringst.

## Was ist mit Sex?

Hier musst du eine wichtige Entscheidung treffen. Überlass das nicht dem Zufall. Triff deine Entscheidung ganz bewusst! Davon hängen deine Gesundheit, dein Selbstwertgefühl, dein Ruf, deine künftigen Partner und noch viel mehr ab. Du hast die Freiheit, dich für den einen oder den anderen Weg zu entscheiden. Aber du kannst dir die Konsequenzen dieser Entscheidung nicht aussuchen. Du musst sie tragen – bis zum bitteren Ende. Das zeigt auch die folgende Geschichte:

*In meinem ersten Jahr im College habe ich nur Blödsinn gemacht. Ich trank, nahm Drogen, ließ mich mit älteren Typen und falschen Freunden ein.*

*Warum? Ich war irgendwie frustriert und unzufrieden. Das dauerte nur etwa ein Jahr. Aber ich zahle noch heute den Preis für meine Fehler von damals. Mein Ruf ist ruiniert. Das verfolgt mich. Aber das Allerschlimmste ist, dass ich bei jedem Problem sofort denke: »Wenn ich das damals nicht gemacht hätte, wäre jetzt bestimmt alles viel besser!«*

## Wie sieht es mit der Schule aus?

Besonders wichtig für deine Zukunft ist natürlich Bildung. Was du heute dafür tust, wird sich auf deine ganze Zukunft auswirken – positiv oder negativ! Für Sophia hat es sich ausgezahlt, dass sie in Sachen Schule schon am Anfang das Ende im Sinn hatte:

*Im vorletzten Jahr auf der High School belegte ich einen Spezialkurs in Geschichte. Am Ende des Schuljahres würde ich dann an einer landesweiten Prüfung teilnehmen, um Punkte für meine Bewerbung am College zu sammeln. Unser Kursleiter bombardierte uns mit Hausaufgaben. Doch ich hatte von Anfang an das Ende im Sinn und kniete mich rein. Eine der Aufgaben kostete besonders viel Zeit. Wir sollten uns eine Doku-Serie über den Amerikanischen Bürgerkrieg ansehen und zu jeder Folge einen Aufsatz schreiben. Die Reihe lief über zehn Tage und jede Folge dauerte zwei Stunden. Es war echt schwer, mir Zeit dafür zu nehmen. Doch irgendwie schaffte ich es. Als ich meine Aufsätze abgab, meinte mein Kursleiter, dass sich außer mir fast niemand die komplette Serie angesehen hatte.*

*Schließlich kam der Tag der Prüfung. Wir waren alle furchtbar nervös. Dann hieß es: »Ihr könnt jetzt anfangen!« Mein Selbstvertrauen wuchs mit je-*

*der Frage, denn ich wusste die Antworten. Und dann sollten wir einen Aufsatz schreiben. Mit zitternden Händen überflog ich das Thema. Es war der Bürgerkrieg – zum Glück hatte ich die komplette Doku-Serie gesehen. Ich wusste eine ganze Menge und schrieb etliche Seiten. Ein paar Wochen später bekam ich das Ergebnis zugeschickt: Ich hatte bestanden und wertvolle Punkte für meine College-Bewerbung gesammelt!*

## Wer hat das Sagen?

Wenn du deine Zukunft nicht planst, wird das irgendein anderer für dich tun. Wer das sein könnte? Zum Beispiel Freunde, Mitschüler, Eltern oder Geschwister. Willst du dir deinen Lebensplan von deinen Eltern vorgeben lassen? Möchtest du dir von deinen Freunden sagen lassen, wofür du stehst? Magst du die Werte übernehmen, die im Internet, in Soaps oder in den Medien verkündet werden?

Denkst du gerade: »Mann, Sean, ich will gar nicht so viel über meine Zukunft nachdenken – ich lebe gern im Augenblick und genieße es, mich treiben zu lassen«? Natürlich hast du recht! Es spricht nichts dagegen, *im Augenblick zu leben*. Wir alle sollten jeden Augenblick unseres Lebens genießen und uns nicht ständig Sorgen über alles Mögliche machen. Aber uns einfach so *treiben lassen*, das sollten wir nicht tun. Dann würden wir dort landen, wo uns die Strömung zufällig hinträgt. Doch die Strömung verläuft meist nach unten und endet oft in einem großen Haufen Schlamm.

»Die Straße, die überallhin führt, führt am Ende nirgendwohin«, heißt es. Wer nicht weiß, wohin er will, folgt oft denjenigen, die bereit sind, die Führung zu übernehmen – auch dann, wenn sie in die völlig falsche Richtung gehen. Das erinnert mich an ein Erlebnis, das ich bei einem 10-Kilometer-Lauf hatte. Zusammen mit einigen anderen Teilnehmern wartete ich auf den Beginn des Rennens. Aber keiner wusste, wo die Startlinie war. Dann gingen einige Läufer die Straße hinunter und alle folgten ihnen – auch ich. Wir glaubten, sie wüssten, wo sich der Start befindet. Doch nach ungefähr anderthalb Kilometern merkten wir, dass wir – wie eine Herde dummer Schafe – irgendjemandem folgten, der nicht die geringste Ahnung davon hatte, wohin er ging. Schließlich stellte sich heraus, dass die Startlinie genau dort war, wo wir anfangs gestanden hatten.

## Dein persönliches Leitbild

Es ist extrem wichtig, am Anfang schon das Ende im Sinn zu haben. Bloß – wie macht man das? Die beste Methode, die ich kenne, ist die Formulierung eines Leitbilds. Das ist dein persönliches Motto. Damit bringst du auf den Punkt, worum es dir in deinem Leben wirklich geht. Man kann auch sagen: Dein Leitbild ist dein persönlicher Fahrplan für deine Zukunft. Also: Warum verfasst du nicht dein eigenes persönliches Leitbild? Das machen viele Teenager.

Leitbilder können ganz unterschiedlich aussehen. Manche sind relativ lang, andere so kurz wie eine Twitter-Meldung. Einige sind als Gedicht abgefasst und andere als Rap-Text. Viele Teenager nutzen auch Zitate, Fotos oder Illustrationen, um ihre Leitbilder zu erstellen. Du kannst dir nicht vorstellen, wie so ein Leitbild aussehen könnte? Dann schau dir doch einfach mal einige an. Das erste stammt von Beth Haire:

- *Vor allen Dingen werde ich meinen Werten treu bleiben.*
- *Ich werde nicht vergessen, wie wichtig der Rückhalt meiner Familie für mich ist.*
- *Ich werde meine Freunde nicht vernachlässigen, mir aber auch Zeit für mich selbst nehmen.*
- *Ich werde alle Herausforderungen mit Optimismus angehen, nicht mit Zweifeln.*
- *Ich werde immer ein positives Bild und eine hohe Meinung von mir selbst haben. Denn ich weiß: Mein Erfolg hängt stark davon ab, dass ich fest an mich glaube.*

Das Leitbild von Stephen Strong sieht so aus:

R eligion
E rfolg
S port
P roduktivität
E hrlichkeit
K önnen
T eamgeist

Was also bringt es dir, wenn du dir ein Leitbild zulegst? Jede Menge! Vor allem öffnet es dir die Augen für das, was dir wirklich wichtig ist, sodass du dich bei deinen Entscheidungen daran orientieren kannst. Eine Zwölftklässlerin hat mir erzählt, wie sehr ihr die Arbeit an ihrem Leitbild geholfen hat:

*Vor einem Jahr war ich völlig durcheinander. Ich hatte meinen ersten festen Freund. Es war ein unbeschreiblich schönes Gefühl, verliebt zu sein. Ich wollte alles tun, um ihn glücklich zu machen. Natürlich wurde dann auch Sex ein Thema. Die Sache ging mir ständig durch den Kopf. Ich hatte das Gefühl, dass ich noch nicht so weit war. Aber die anderen sagten immer wieder: »Stell dich nicht so an – mach es einfach!«*

*Dann lernte ich in einem Kurs in der Schule, wie man ein Leitbild verfasst. Ich fing an zu schreiben und konnte gar nicht mehr aufhören. Immer wieder fügte ich neue Dinge hinzu. Das gab mir eine Richtung. Ich hatte das Gefühl, einen Plan zu haben und gute Gründe dafür, das zu tun, was ich machte. Mein Leitbild half mir, meinen Grundsätzen treu zu bleiben und nichts zu tun, wozu ich noch nicht bereit war.*

Persönliche Leitbilder sind wie Bäume mit starken Wurzeln. Sie sind unerschütterlich und bewegen sich nicht von der Stelle. Trotzdem sind sie lebendig und wachsen immer weiter. Auch du brauchst einen Baum mit starken Wurzeln, um alle Stürme des Lebens zu überstehen, die dich durchschütteln. Denk nur an all die Dinge, auf die du keinen Einfluss hast: Deine Familie zieht in eine andere Stadt, du verlierst deinen besten Freund, deine Eltern lassen sich scheiden ...

Während sich um dich herum alles ändert, ist dein Leitbild dein tief verwurzelter Baum, der dir auch in stürmischen Zeiten festen Halt gibt. Veränderungen können dir wenig anhaben, wenn du einen starken Stamm hast, an dem du dich festhalten kannst.

## Entdecke deine Talente

Weißt du, was ein wichtiger Schritt auf dem Weg zu deinem persönlichen Leitbild ist? Mach dir klar, was du besonders gut kannst. Ich bin sicher: In irgendetwas *bist* du richtig gut. Jeder Mensch hat ein besonderes *Talent* oder eine *Begabung*. Kannst du so schön singen wie ein Engel? Manche Fähigkeiten wecken große Aufmerksamkeit. Daneben gibt es viele andere Begabungen, die vielleicht nicht so ins Auge fallen. Doch sie sind mindestens genauso wichtig: Vielleicht kannst du gut zuhören, andere zum Lachen bringen, dir und anderen verzeihen, zeichnen oder einfach nur freundlich sein. Manche Talente entdecken wir sehr früh, andere erst ziemlich spät. Wir werden bereits mit diesem Schatz geboren und brauchen ihn nur noch zu heben. Mach dir also keine Sorgen, wenn du noch nicht allzu viele Talente bei dir gefunden hast. Das kann eine Weile dauern.

## Deine große Entdeckungsreise

Damit du dein Leitbild verfassen kannst, gehen wir jetzt gemeinsam auf eine große Entdeckungsreise. Diese Entdeckungsreise hilft dir, herauszufinden, was du wirklich willst. Bitte beantworte die Fragen, die dir auf dieser Reise gestellt werden, ganz ehrlich. Vielleicht möchtest du deine Antworten ja auch gleich in dieses Buch schreiben? Ganz wichtig ist, dass du gut über alle Fragen nachdenkst. So bekommst du eine genaue Vorstellung davon, was du gern machst, was dich antreibt und in welche Richtung du dein Leben lenken willst.

# Die große Entdeckungsreise

START

1 Denke an einen Menschen, den du bewunderst oder der dein Leben in positiver Weise verändert hat. Welche Eigenschaften, die er besitzt, hättest auch du gerne?

______________________________

______________________________

______________________________

______________________________

2 Stell dir vor, dass du in die Zukunft gebeamt worden bist. Was machst du in 20 Jahren und wer sind die wichtigsten Menschen in deinem Leben?

______________________________

______________________________

______________________________

______________________________

______________________________

3 Zwischen zwei Wolkenkratzern wird ein 15 Zentimeter breiter Stahlträger befestigt – für welchen Preis bist du bereit, darüber zu balancieren? Für 1000 Euro? Für eine Million? Für dein Haustier? Deinen Bruder? Ruhm? Denk ganz genau nach!

______________________________

______________________________

4 Schreib zehn Dinge auf, die du besonders gern machst. Vielleicht singen, tanzen, in Zeitschriften blättern, zeichnen, lesen, träumen …?

1 ____________________

2 ____________________

3 ____________________

4 ____________________

5 ____________________

6 ____________________

7 ____________________

8 ____________________

9 ____________________

10 ____________________

5 Was inspiriert dich ganz besonders – ein bestimmter Ort, eine bestimmte Tätigkeit oder ein bestimmter Mensch?

____________________

____________________

____________________

____________________

6 Stell dir vor, du könntest einen ganzen Tag lang in einer riesigen Bücherei verbringen und nach Herzenslust in allen Büchern schmökern. Mit welchen Themen würdest du dich beschäftigen?

____________________

____________________

____________________

**7**

In fünf Jahren bringt die Lokalzeitung eine Geschichte über dich. Die Reporter wollen drei Menschen interviewen: deinen Vater oder deine Mutter, deine Schwester oder deinen Bruder und einen Freund. Was sollen sie über dich sagen?

**8**

Denke an etwas, was dich verkörpern könnte – eine Rose, ein Lied, ein Tier ... Warum findest du dich ausgerechnet darin wieder?

**9**

Wenn du unter allen Menschen wählen könntest, die je gelebt haben, mit wem würdest du gerne eine Stunde verbringen? Warum würdest du dir gerade diese Person aussuchen? Und was würdest du sie fragen?

Zahlengenie
Wortgewandt
Kreativ
Sportlich
Tatkräftig
Einfühlsam
Technisch begabt
Künstlerische Ader
Teamplayer
Gedächtniskünstler
Entschlussfreudig
Handwerker
Tolerant
Vorausschauend
Sprechen
Schreiben
Tanzen
Zuhören
Singen
Humorvoll
Großzügig
Musikalisch

Schau mal, was ich gefunden habe! **MICH!**

**10** Jeder von uns hat ein oder mehrere Talente. Welche der oben genannten Dinge kannst du besonders gut? Vielleicht hast du ja auch Talente, die nicht auf der Liste stehen? Dann schreib sie hier auf.

________________________________________

________________________________________

________________________________________

________________________________________

Ange-
kommen

### Erstelle dein Leitbild

Bist du gut am Ziel unserer großen Entdeckungsreise angekommen? Wunderbar! Dann kannst du jetzt mit deinem ganz persönlichen Leitbild beginnen. Als Starthilfe eignen sich vier einfache, aber sehr wirksame Methoden. Du kannst dir eine bestimmte Methode aussuchen oder auch alle vier nach Belieben kombinieren:

### Methode 1: Zitatensammlung

Schreibe einige deiner Lieblingszitate auf ein großes Blatt. Viele Menschen finden Zitate sehr inspirierend, bei ihnen funktioniert Methode 1 besonders gut. Versuch es doch auch mal. Achte in den nächsten Wochen darauf, ob dir nicht das eine oder andere inspirierende Zitat begegnet. Gib einfach mal den Begriff »Zitat« plus Stichwörter wie »Leben«, »Sinn« oder »Glück« bei Google ein. Lass dich überraschen, was du alles findest.

### Methode 2: Brainstorming

Nimm einen Stift und schreib zehn Minuten alles über deine Lebensziele auf, was dir gerade einfällt. Verbessere nichts und streiche nichts. Schreib immer weiter. Falls du doch mal ins Stocken gerätst, denk an deine Entdeckungsreise zurück. Nimm dir anschließend 20 Minuten, um das Geschriebene zu sichten, zu ordnen und gegebenenfalls umzuformulieren. In ungefähr einer halben Stunde hast du dann einen ersten Entwurf für dein Leitbild. Den Entwurf kannst du in den nächsten Wochen immer weiter ergänzen – und schon bald wirst du ein motivierendes persönliches Leitbild in den Händen halten.

### Methode 3: Rückzug

Reserviere dir einen größeren Zeitblock, zum Beispiel einen ganzen Nachmittag. Zieh dich an einen Ort zurück, an dem du ungestört bist. Schalte dein Smartphone aus. Denke über dein Leben nach und was du damit weiter vorhast. Lies dir noch einmal deine Antworten von der großen Entdeckungsreise durch. Lass dich von den Leitbildern in diesem Buch inspirieren. Entwirf in aller Ruhe dein eigenes Leitbild.

### Methode 4: Die bequeme Tour

Träumst du gerne vor dich hin? Dann ist das die ideale Methode für dich, dein persönliches Leitbild zu finden. Sei einfach faul und lass deinen Gedanken freien Lauf …

Viele wollen auf Anhieb das perfekte Leitbild erstellen. Sie zerbrechen sich ewig den Kopf und kommen einfach nicht weiter. Mein Tipp: Ein unvollkommener erster »Wurf« ist besser als gar nichts. Anschließend kannst du deinen Entwurf immer weiter verbessern. Du wirst sehen, das geht leichter als gedacht.

Viele versuchen auch, sich an den Leitbildern anderer zu orientieren. Doch Leitbilder sind etwas ganz Persönliches. Jeder muss seinen eigenen Stil finden. Es ist dein Leitbild. Du bist in der Wahl der Form vollkommen frei. Dein Leitbild kann aus einem Gedicht, einem Song, Zitaten, einem Bild, einer Collage, vielen Worten, einem einzigen Begriff oder was auch immer bestehen. Die einzig richtige Lösung gibt es nicht. Die entscheidende Frage lautet: »Gibt dir dein Leitbild Kraft? Motiviert es dich?« Wenn die Antwort »Ja« lautet, hast du alles richtig gemacht.

Wenn dein Leitbild oder der vorläufige Entwurf fertig ist, solltest du das Ganze an einem Platz aufbewahren, wo du es jederzeit griffbereit hast. Du kannst es zum Beispiel in dein Tagebuch legen, auf dein Handy laden oder an deinen Badezimmerspiegel kleben. Lies es dir regelmäßig durch oder – noch besser – lern dein Leitbild auswendig.

So, und zum Schluss noch etwas mehr Motivation – hier ist ein weiteres Beispiel für ein Leitbild:

## Leitbild von Whitney Noziska

**Wichtig nehmen**

- die Welt
- das Leben
- andere Menschen
- mich selbst

**Lieben**

- mich selbst
- meine Familie
- meine Welt
- das Erfahrungsammeln
- das Lernen
- das Leben

**Kämpfen**

- für meine Überzeugungen
- für meine Leidenschaften
- um etwas zu erreichen
- um Gutes zu tun
- um mir selbst treu zu bleiben
- gegen die Gleichgültigkeit

**Stark sein**

- das Ruder in der Hand behalten
- ein Fels in der Brandung sein

**Die Welt ein bisschen besser machen und in Erinnerung bleiben!**

## Drei Fallen

Manchmal stellt uns das Leben einige Fallen. Auch wenn du schon am Anfang das Ende im Sinn hast und dein persönliches Leitbild entwickelst, musst du immer damit rechnen. Hier sind drei Fallen, vor denen du dich besonders in Acht nehmen solltest:

### Falle 1: Auf falsche Etiketten reinfallen

Hattest du schon mal das Gefühl, von jemandem ein falsches Etikett aufgedrückt bekommen zu haben? Von jemandem in deiner Familie? Von einem Lehrer? Von Freunden?

- »Ihr Typen aus dem Hochhausviertel seid doch alle gleich. Mit euch hat man immer Ärger.«
- »Du bist der letzte Faulpelz. Kannst du nicht mal deinen Hintern bewegen und zur Abwechslung mal was tun?«
- »Schau mal, da ist Lizzie. Die soll ja kiffen ohne Ende.«

Sicher habt ihr an deiner Schule auch solche Etiketten. Bei uns gab es die Streber, die Angeber, die Partymacher, die Klassenkasper, die »It«-Girls, die Abgedrehten, die »Jocks« und viele andere. Ich gehörte zu den »Jocks«. Das waren die »Sportfreaks«, die angeblich viele Muskeln, aber nichts in der Birne hatten. Solche Etiketten sind nichts als Vorurteile. Das Wort *Vor-Urteil* sagt schon, was es damit auf sich hat: Wenn man jemandem ein Etikett aufdrückt, fällt man ein vorschnelles Urteil über ihn. Man zieht Schlussfolgerungen über jemanden, ohne ihn wirklich zu kennen.

Wir Menschen sind viel zu kompliziert, um uns einfach in irgendwelche Kategorien stecken zu können. Wir sind nicht wie Kleidung in einem Kaufhaus oder Besteck in einer Schublade. Es gibt nicht nur ein paar verschiedene Personentypen, sondern Milliarden von einzigartigen Menschen.

Wenn man dir ein falsches Etikett aufdrückt, kannst du damit wahrscheinlich ganz gut leben. Gefährlich wird es allerdings, wenn du anfängst, selbst daran zu glauben. Denn Etiketten sind nichts anderes als *Paradigmen*. Und du weißt ja: Du bekommst immer das, woran du glaubst. Wenn man dich beispielsweise als »faul« abstempelt und du das allmählich selbst glaubst, dann wirst du dich bald entsprechend verhalten. Also, bitte denk dran: Etiketten sagen nichts darüber aus, wie du wirklich bist!

### Falle 2: Den Kopf in den Sand stecken

Hast du einen kapitalen Fehler gemacht oder auch drei? Dann denk bitte nicht gleich: »Jetzt ist alles aus. Was soll das Ganze noch?« Steck den Kopf nicht in den Sand. Es ist völlig normal, dass wir Fehler machen. Viele Teenager haben Zeiten, in denen sie alles Mögliche ausprobieren und Grenzen austesten. Manchmal tun sie Dinge, die wirklich doof sind. Aber deshalb ist noch längst nicht alles aus. Du hast immer die Chance, aus deinen Fehlern zu lernen und es in Zukunft besser zu machen.

### Falle 3: Die verkehrte Wand raufklettern

Hast du schon mal viel Mühe in eine Sache gesteckt, um am Ende festzustellen, dass es gar nicht das war, was du wolltest? Oft sind wir so damit beschäftigt, die Erwartungen anderer zu erfüllen und uns bei ihnen beliebt zu machen, dass wir vergessen, was uns selbst wichtig ist. Dann klettern wir im Rekordtempo die Erfolgsleiter hinauf. Aber wir nehmen uns nicht die Zeit, um nachzusehen, ob sie an der richtigen Wand steht. Nimm dir Zeit und frag dich: »Führt mich das, was ich gerade mache, in die richtige Richtung?« Sei komplett ehrlich mit dir selbst, und hör genau zu, was dir deine innere Stimme sagt.

Wie wäre es, wenn du dir diese Frage jetzt sofort stellst: Lehnt deine Leiter an der richtigen Wand? Was sagt dir deine innere Stimme?

Meist müssen wir die Richtung in unserem Leben nicht radikal ändern. Schon kleine Kurskorrekturen können viel bewirken. Stell dir das mal vor: Wenn du von New York nach Tel Aviv fliegen willst und nur um einen Breitengrad nach Norden abweichst, landest du in Moskau und nicht in Israel!

## Und jetzt zu deinen Zielen

Wenn du dein persönliches Leitbild verfasst hast, kommt der nächste Schritt. Jetzt geht es darum, dass du dir Ziele setzt. Ziele sind der Schlüssel, damit du das, was du in deinem Leitbild festgelegt hast, auch erreichen kannst. Am besten sind Ziele, die den Weg zum Erfolg in überschaubare Etappen aufteilen. Stell dir vor, dein Ziel wäre es, eine riesengroße Pizza zu essen. Dann könntest du die Pizza in viele kleine Stücke unterteilen. Jedes Pizzastück ist ein Etappenziel. Davon verschlingst du eins nach dem anderen – und irgendwann bist du am Ziel und von der Riesenpizza ist kein Krümel mehr übrig!

Die folgenden Tipps helfen dir, deine Ziele zu erreichen. Hier sind deine fünf Schlüssel zum Ziel:

### Schlüssel Nr. 1: Denk an die Kosten

Oft setzen wir uns Ziele und geben dann auf halber Strecke auf. Warum passiert das? Weil wir die Kosten übersehen haben. Angenommen, du willst am Ende des Schuljahrs ein besseres Zeugnis mit nach Hause bringen. Aber hast du auch an die Kosten gedacht? Was musst du alles dafür tun? Vermutlich musst du mehr Zeit in deine Mathe- und Deutschhausaufgaben stecken und deshalb auf die eine oder andere Internet-Session verzichten. Du wirst manchmal bis in die Nacht hinein lernen und erst später ins Bett kommen. Und wahrscheinlich kannst du auch nicht mehr jedes Wochenende mit deinen Freunden weggehen.

Okay, das waren die Kosten. Kommen wir nun zu den Vorteilen: Was bringen dir gute Noten? Weniger Stress in der Schule und weniger Ärger mit deinen Eltern? Die Chance auf deinen Wunschstudienplatz? Ein Stipendium? Einen besseren Job?

Frag dich jetzt: »Bin ich bereit, die nötigen Opfer zu bringen?« Wenn nicht, dann eben nicht! Mach dir nichts vor. Gib dir keine Versprechen, wenn du von vornherein weißt, dass du sie nicht halten wirst. Gebrochene Versprechen sind Abhebungen von deinem persönlichen Selbstwertkonto. Deshalb überleg dir gut, ob du bereit bist, den Preis für das Erreichen deiner Ziele auch tatsächlich zu bezahlen.

Und noch ein Tipp: Du fährst besser, wenn du dir kleine Ziele setzt. Versuch nicht, dich in allen Fächern gleichzeitig zu verbessern. Konzentrier dich erst mal auf zwei. Später kannst du dann weitere Fächer dazunehmen. Du setzt dir mit Sicherheit realistischere Ziele, wenn du immer auch die Kosten im Blick behältst.

## Schlüssel Nr. 2: Schreib alles auf

Jemand hat gesagt: »Ein Ziel, das nicht auf dem Papier steht, ist bestenfalls ein Wunsch.« Das stimmt: Ein schriftlich fixiertes Ziel hat zehnmal mehr Aussichten auf Verwirklichung als eins, das es nur in deinem Kopf gibt. Wie die folgende Geschichte zeigt, gilt das sogar für die Wahl des richtigen Partners. Tammy war jahrelang in einer Beziehung mit einem Jungen gefangen. Sie hatte das Gefühl, in der Falle zu sitzen. Sie war emotional von ihm abhängig und fühlte sich schrecklich. Doch eines Tages brachte sie den Stein ins Rollen. Die folgenden Zeilen sind ein Auszug aus Tammys Tagebuch. Sie war damals 18:

*Gestern habe ich es endlich geschafft, Tom zu verlassen. Um die Kraft dafür zu bekommen, habe ich mir ausgemalt, wo ich in fünf Jahren sein will und wie ich mich dann fühlen werde: Ich will eine eigenständige Person sein, die den Mut hat, die richtigen Entscheidungen für ihr Leben zu treffen. Außerdem möchte ich eine glückliche Beziehung führen. Ich habe mir überlegt, was mir dabei wichtig ist. Das schreibe ich jetzt auf, damit ich es mir in Zukunft immer wieder ansehen kann.*

*Das ist mir in einer Beziehung und an meinem künftigen Partner wichtig:*

1. *Respektvoll miteinander umgehen*
2. *Ehrlich zueinander sein*
3. *Loyalität und Treue*
4. *Unterstützt mich bei der Verwirklichung meiner Ziele*
5. *Hat Sinn für Spaß und Humor*
6. *Liebt Kinder und ist ein toller Vater*
7. *Kann gut zuhören*
8. *Schenkt mir Zeit und will für mich das Beste im Leben*

*Diese Liste macht mir Mut. Ich kann sie immer wieder lesen und mir vor Augen halten, was ich mir für die Zukunft wünsche. Die Liste gibt mir Hoffnung und erinnert mich an das, was ich in meinem Leben besser machen will.*

Später hat Tammy tatsächlich ihren Traummann gefunden. Es kann also Wunder wirken, seine Ziele aufzuschreiben. Das zwingt uns, konkret zu werden. Und das ist eine wichtige Voraussetzung, um seine Ziele wirklich umzusetzen.

## Schlüssel Nr. 3: Bilde Seilschaften

Ich hab dir ja schon von meinem Schwager, dem Bergsteiger, erzählt. Er führte einen Freund und mich auf den Gipfel des 4199 Meter hohen Grand Teton. Das war ein unvergessliches Erlebnis. An einer Stelle mussten wir eine senkrechte Wand überwinden. Dazu bildeten wir eine »Seilschaft«. Das heißt: Wir verbanden uns gegenseitig mit Seilen, damit wir besser klettern und uns gegenseitig halten konnten, falls einer von uns abrutschen würde. Tatsächlich bewahrte mich das Seil zweimal vor einem tödlichen Sturz in die Tiefe. Wir halfen uns gegenseitig, verließen uns auf unsere Seile und gelangten schließlich gemeinsam wohlbehalten zum Gipfel.

Du erreichst im Leben mehr, wenn du »Seilschaften« bildest und deine Stärken mit anderen teilst. Hier ein Beispiel: Du hast dir vorgenommen, deine Fitness zu steigern. Wie könntest du dich da mit anderen zusammentun? Du könntest dir jemanden suchen, der ein ähnliches Ziel hat. Dann könntet ihr gemeinsam Sport machen oder ins Fitnessstudio gehen. Oder du könntest deinem Sportlehrer von deinem Vorsatz erzählen und dir von ihm helfen lassen. Vielleicht kannst du auch online Gleichgesinnte finden, sodass ihr euch gegenseitig anfeuern könnt. Denk dir was aus. Tu dich mit Freunden, Geschwistern, Eltern, Tanten, Onkeln oder wem auch immer zusammen.

## Schlüssel Nr. 4: Nutze den Augenblick

Es gibt Augenblicke im Leben, da sind wir voller Tatendrang. Oft sind es Anfangs- und Endpunkte bestimmter Lebensphasen, in denen uns ein frischer Wind um die Nase weht. Ein neues Jahr beispielsweise ist ein eindeutiger Anfang, die Auflösung einer Beziehung ein klares Ende. Ich erinnere mich noch sehr gut daran, wie schlecht es mir ging, als ich mich nach zwei Jahren von meiner Freundin getrennt hatte. Allerdings weiß ich auch noch, wie aufregend es war, mir zu überlegen, mit welchen Mädchen ich mich jetzt verabreden wollte. Es gibt viele Augenblicke, die uns Kraft für neue Ziele geben:

- der Beginn eines Schuljahrs
- eine bestandene Prüfung

- ein Jobwechsel
- der Beginn oder das Ende einer Beziehung
- der Tod eines lieben Menschen
- ein Umzug
- der Wechsel der Jahreszeiten
- ein Misserfolg

Auch wenn du es vielleicht nicht glauben willst: Rückschläge können uns neue Kraft geben. Kennst du den Mythos von Phönix? Der wunderschöne Vogel verbrannte sich alle 500 bis 600 Jahre selbst, um dann noch viel schöner aus der Asche emporzusteigen. Auch wir können aus der Asche schlimmer Erfahrungen gestärkt hervorgehen. Rückschläge und Misserfolge können uns als Sprungbrett für positive Veränderungen dienen.

Nutze die Macht des Augenblicks, um dir Ziele zu setzen. Mach dir zugleich klar, dass die Begeisterung für dein Ziel nicht ewig anhält. Der wahre Test deines Charakters besteht darin, ob es dir gelingt, an den einmal gesetzten Zielen festzuhalten.

## Schlüssel Nr. 5: Tu es!

Ich habe eine spannende Geschichte über Cortés und seine Expedition nach Mexiko gelesen. 1519 segelte er mit über 500 Leuten und elf Schiffen von Kuba nach Yucatán. An Land angekommen, machte er etwas, was kein Expeditionsleiter vor ihm je getan hatte: Er verbrannte seine Schiffe. Cortés riss alle Brücken hinter sich ab. Eroberung oder Untergang? Es gab keine Wahl! Ralph Waldo Emerson sagte: »Sobald du etwas wirklich willst, hast du die Kraft dazu ganz von allein.« Immer wenn ich mich einem Ziel mit Haut und Haaren verschreibe, entdecke ich Stärken, Fähigkeiten und eine Kreativität, von denen ich gar nicht wusste, dass ich sie habe. Wer etwas wirklich will, findet auch einen Weg, es zu erreichen. Oder um es mit dem großen Yedi-Meister Yoda zu sagen: »Tu es oder lass es. Versuchen bringt nichts.«

## Ziele in Aktion

Mein Bruder David war ungewöhnlich klein und schmächtig für sein Alter. In seinem ersten Jahr an der High School brachte er nur 42 Kilo auf die Waage. Aber David hatte einen ungeheuer starken Willen. Doch das lasse ich ihn lieber selbst erzählen:

*Ich wollte unbedingt ins Football-Team meines Jahrgangs an der Provo High. Doch mit knapp 1,60 Meter und einem Gewicht von 42 Kilo war ich mit Abstand der Kleinste und Leichteste von allen Spielern. Es gab nicht mal eine Ausrüstung, die mir gepasst hätte. Ich bekam den kleinsten Helm, den sie hatten. Trotzdem musste ich auf beiden Seiten drei Ohrenschützer zusammenkleben, damit er mir nicht auf die Nase rutschte. Ich sah aus wie eine Mücke mit einem riesigen Ballon auf dem Kopf.*

*Vor dem Football-Training hatte ich immer Angst – besonders, wenn wir gegen die Jungs aus dem zweiten Jahr anstürmen mussten. Wir standen uns im Abstand von etwa zehn Metern in zwei Reihen gegenüber: auf der einen Seite wir, auf der anderen die aus dem zweiten Jahrgang. Sobald der Coach pfiff, musste man gegen seinen Gegner anrennen, und zwar so lange, bis er wieder abpfiff. Irgendwie erwischte ich immer den größten und stärksten Gegner. Ich dachte: »Der bringt mich ja um!«, stellte mich in die Reihe, wartete auf den Pfiff und wurde gleich darauf durch die Luft geschleudert.*

*Im Winter versuchte ich es dann mit Ringen – in der Klasse bis 45 Kilo. Obwohl ich in voller Montur auf die Waage stieg und vorher extra viel gegessen hatte, kam ich nicht auf 45 Kilo. Ich war der Einzige im Team, der für die Wettkämpfe kein Gewicht abtrainieren musste. Um es kurz zu machen: Auch hier landete ich so gut wie immer auf der Matte.*

*Im Frühjahr wechselte ich dann zum Laufen. Doch leider war ich einer der Langsamsten im ganzen Team. Kein Wunder – du hättest mal meine spindeldürren Beine sehen sollen!*

*Eines Tages hielt ich es nicht mehr aus. Ich sagte mir: »Es reicht!« An diesem Abend schrieb ich mir einige Ziele auf, die ich an der High School erreichen wollte. Ich wusste, dass ich größer und kräftiger werden musste, wenn ich beim Sport Erfolg haben wollte. Das war also mein erstes und wichtigstes Ziel: Ich wollte vor meinem letzten Jahr mindestens 1,80 Meter groß sein, 80 Kilo wiegen und beim Hanteltraining 115 Kilo stemmen. Beim Football setzte ich mir das Ziel, ins Schulteam zu kommen. Und beim Laufen wollte ich nicht*

*mehr der Langsamste, sondern einer der schnellsten Sprinter sein. Außerdem nahm ich mir vor, Kapitän des Football-Teams und der Laufmannschaft zu werden!*

*Viele schöne Träume – das denkst du jetzt doch? Aber ich blieb eisern bei meinen Plänen. Da ich zunehmen wollte, aß ich fast ununterbrochen. Frühstück, Mittag- und Abendessen waren nur drei von acht Mahlzeiten am Tag. Zudem traf ich eine geheime Vereinbarung mit Cary, dem 1,90 Meter großen und 107 Kilo schweren Stamm-Linebacker im Football-Team von Provo High: Ich würde ihm bei Algebra II helfen und durfte dafür mittags immer mit ihm zusammen essen. Ich war entschlossen, immer mindestens so viel zu essen wie Cary. Also kaufte ich mir jeden Tag zwei Portionen Mittagessen, drei Tüten Milch und vier Brötchen. Wir müssen wie Dick und Doof ausgesehen haben! Außerdem mischte ich Protein-Pulver, das mir einen schnellen Gewichtszuwachs bescheren sollte, in meine drei Milchtüten. Diese eklige Mixtur trank ich eisern, auch wenn ich dabei gegen einen üblen Brechreiz ankämpfen musste.*

*In meinem zweiten Jahr startete ich mit dem Krafttraining. Das machte ich zusammen mit meinem guten Freund Eddie, der genau wie ich größer und stärker werden wollte. Ihm verdankte ich auch eine wichtige Ergänzung meiner Nahrungsliste: Jeden Abend vor dem Schlafengehen verdrückte ich zehn Teelöffel Erdnussbutter und drei Gläser Milch. Wir legten genau fest, wie viel jeder von uns pro Woche zunehmen sollte. Wenn wir am offiziellen Wiegetag das angepeilte Gewicht nicht erreicht hatten, mussten wir so viel essen oder trinken, bis wir schwer genug waren.*

*Meine Mutter las in einer Zeitschrift, dass Kinder um bis zu fünf Zentimeter mehr wachsen als normalerweise, wenn sie zehn Stunden pro Nacht in einem völlig abgedunkelten Raum schlafen und zwei bis drei zusätzliche Gläser Milch pro Tag trinken. Ich glaubte fest daran und richtete mich strikt danach. Schließlich wollte ich mein Ziel von 1,80 Meter erreichen.*

*»Ich will das dunkelste Zimmer im ganzen Haus!«, bat ich meine Familie – und ich bekam es. Ich legte Handtücher vor die Ritzen an der Tür und dem Fenster, damit auch ja kein Lichtstrahl in den Raum eindringen konnte. Zudem stellte ich einen Zeitplan fürs Schlafen auf: Ich ging etwa um Viertel vor neun ins Bett und stand um Viertel nach sieben auf. Das garantierte mir zehneinhalb Stunden Schlaf. Und ich trank so viel Milch, wie ich nur konnte.*

*Ob Gewichtheben, Laufen oder Footballspielen: Ich trainierte jeden Tag mindestens zwei Stunden. Wenn Eddie und ich im Kraftraum waren, probierten wir immer die XL-Shirts an – in der Hoffnung, dass wir sie eines Tages ausfüllen würden. Am Anfang konnte ich allerdings nur 35 Kilo stemmen – das war kaum mehr als das Gewicht der Stange.*

*Die Monate vergingen – und allmählich zeigten sich erste Resultate. Es waren nur winzige Fortschritte, aber es waren kleine Erfolgserlebnisse! Mitte des zweiten Jahres war ich 1,68 Meter groß und wog 54 Kilo. Ich war acht Zentimeter gewachsen, hatte 12 Kilo zugelegt und war insgesamt viel kräftiger geworden.*

*An manchen Tagen hatte ich das Gefühl, allein gegen den Rest der Welt zu stehen. Besonders hasste ich es, wenn die Leute mich fragten: »Wieso bist du so dünn? Warum isst du denn nicht mehr?« Dann hätte ich am liebsten gebrüllt: »Du Idiot! Du weißt doch gar nicht, was ich alles auf mich nehme!« Als ich ins dritte Jahr kam, war ich 1,75 Meter groß und wog 65 Kilo.*

*Ich machte konsequent mit meinem Programm zur Gewichtszunahme, dem Laufen, dem Gewichtheben und dem Footballtraining weiter. Und plötzlich begannen sich all die Mühen auszuzahlen! Ich wurde richtig groß, und das sehr schnell. Ich wuchs so rasch, dass ich Streifen auf meiner Brust hatte, als wäre ich von einem Bären angefallen worden.*

*Zu Beginn des letzten Jahrs an der High School war ich tatsächlich über 1,80 Meter groß und hatte mein Ziel, 80 Kilo zu wiegen, nur knapp verfehlt. Ich bekam den ersehnten Stammplatz im Football-Team und wurde auch zum Mannschaftskapitän gewählt. Was das Laufen anging, hatte ich meine Ziele sogar übertroffen: Auch hier war ich Teamkapitän, wurde der schnellste Sprinter an der Schule und sogar einer der besten in unserem Bundesstaat.*

*Am Ende des Jahres wog ich 80 Kilo und konnte 117,5 Kilo stemmen. Außerdem bekam ich von den Mädchen aus den oberen Klassen den »Preis für den besten Body« – die Trophäe, die mir die liebste von allen war.*

*Ich hatte es wirklich geschafft! Ich hatte die meisten Ziele erreicht. Der bekannte Sachbuchautor Napoleon Hill hat recht: »Was der menschliche Verstand sich vorstellen und woran er glauben kann, das kann die Hand des Menschen erreichen.«*

## Schwächen in Stärken verwandeln

Sicher ist dir aufgefallen, dass mein Bruder David alle fünf Schlüssel der Zielerreichung nutzte:

1. Er machte sich klar, was es kosten würde, seine Ziele zu erreichen.
2. Er hielt seine Ziele schriftlich fest.
3. Er bildete Seilschaften mit allen möglichen Leuten.
4. Er setzte sich seine Ziele in einem entscheidenden Augenblick – nämlich als er es endgültig satthatte, immer nur der Verlierer zu sein.
5. Und: Er tat es! David hatte den nötigen Biss, seine Ziele in die Tat umzusetzen.

Natürlich kann ich dir nicht versprechen, dass du es allein durch Willenskraft schaffen wirst, größer zu werden. Aber die Geschichte von David zeigt etwas sehr Wichtiges: Sein schmächtiger Körper war ein wirklicher Segen für ihn. Diese scheinbare Schwäche wurde zu seiner wichtigsten Stärke. Sie brachte ihn dazu, jede Menge Ausdauer und Disziplin zu entwickeln.

Manche Menschen müssen sich manche Dinge sehr hart erkämpfen. Das ist sicher nicht leicht. Doch auf diesem schweren Weg können sie wichtige Eigenschaften und Stärken gewinnen, die ihnen sonst versagt geblieben wären. Solltest auch du nicht mit den Muskeln oder den

Talenten gesegnet sein, die du dir wünschst, hast du am Ende vielleicht – wie mein kleiner Bruder David – das große Los gezogen!

## Mach was Besonderes aus deinem Leben

Das Leben ist kurz. Davon handelt auch der Filmklassiker *Friday Night Lights – Touchdown am Freitag.* Die Mannschaft von Trainer Gary Gaines ist nicht gerade in Top-Form. Da sagt er seinem Team: »Perfektion hat nichts mit dem Punktestand auf der Anzeigetafel zu tun. Was wirklich zählt, seid ihr und eure Beziehung zu euch selbst, euren Familien und euren Freunden. Perfekt sein heißt, dass ihr euren Freunden in die Augen sehen könnt und wisst, dass ihr sie nicht enttäuscht habt. Denn ihr habt ihnen die Wahrheit gesagt. Diese Wahrheit lautet, dass ihr alles getan habt, was in eurer Macht stand. Es gibt nichts, was ihr noch hättet tun können. Könnt ihr in diesem Augenblick das Beste geben, was ihr zu geben habt – mit Liebe und Freude in euren Herzen? Wenn ihr das könnt, Leute, dann seid ihr perfekt!«

Denk bitte immer daran: Das Leben ist zu etwas gut. Es hat einen Sinn. Aber dieser Sinn besteht nicht allein darin, Karriere zu machen und »erfolgreich zu sein«. Wer nur auf seinen Erfolg und seine Karriere schaut, fragt: »Was gibt es für mich zu gewinnen?« Wer nach seiner wahren Berufung im Leben sucht, fragt: »Was kann ich geben? Wie kann ich in meinem Leben und im Leben meiner Mitmenschen etwas bewirken?«

Du musst nicht die Welt verändern, um deinem Leben einen Sinn zu geben. Oder um es mit den Worten der Pädagogin Maren Mouritsen zu sagen: »Die meisten Menschen bewirken niemals große Dinge. Aber wir können auch kleine Dinge auf große Weise bewirken.«

## Kleine Schritte

1. Welche drei Fähigkeiten brauchst du, um jetzt oder später beruflich durchzustarten? Musst du an deinem Zeitmanagement arbeiten? Solltest du lernen, selbstsicherer vor anderen aufzutreten? Brauchst du gute Computerkenntnisse?

   Die drei wichtigsten Fähigkeiten für meinen beruflichen Erfolg sind:

   ______________________________

   ______________________________

   ______________________________

2. Lies dir dein Leitbild einen Monat lang jeden Tag durch. Denn das ist die Zeitspanne, die wir brauchen, um eine Gewohnheit fest in unserem Leben zu verankern. Orientiere dich in allen deinen Entscheidungen an deinem Leitbild.

3. Vor welcher wichtigen Lebensentscheidung stehst du gerade? Welcher Weg ist auf lange Sicht der beste für dich?

   Entscheidung, vor der ich stehe: ______________________________

   ______________________________

   Der beste Weg: ______________________________

   ______________________________

4. Denk an deine Ziele. Hast du sie aufgeschrieben? Nein?! Dann hol das am besten gleich nach. Du weißt ja: Ein Ziel, das nicht auf dem Papier steht, ist bestenfalls ein Wunsch.

5. Haben dir andere ein falsches Etikett verpasst? Was kannst du tun, um es loszuwerden?

Falsches Etikett: ______________________________

______________________________

______________________________

______________________________

So kann ich es ändern: ______________________________

______________________________

______________________________

______________________________

# Der 3. Weg: Das Wichtigste zuerst tun

**Konzentriere dich auf das, was wirklich wichtig für dich ist**

**Sei ehrlich:** Du hast viel zu tun und bist ständig im Stress. Nach der Schule musst du Hausaufgaben machen. Morgen schreibt ihr eine Bio-Arbeit. Und da ist noch deine Freundin, mit der du unbedingt mal wieder was unternehmen wolltest. Außerdem möchtest du unbedingt noch Sport machen. Der Hund muss auch raus. Und dein Zimmer sollte dringend aufgeräumt werden. Wie kriegst du das alles auf die Reihe?

Der 3. Weg, »Das Wichtigste zuerst tun«, kann dir dabei helfen. Entscheidend ist, dass du dich auf das konzentrierst, was wirklich wichtig für dich ist. Wie das funktioniert? Du musst lernen, Prioritäten zu setzen und deine Zeit so einzuteilen, dass du die wichtigen Dinge immer zuerst erledigst.

Mit dem 2. Weg hast du dir Klarheit über deine Ziele verschafft. Du hast herausgefunden, was für dich im Leben wirklich wichtig ist. Der 3. Weg hilft dir, diese Dinge auch tatsächlich an die *erste Stelle* zu setzen. Ziele und Vorsätze zu haben, ist schön und gut. Die große Kunst ist es, das alles wahr werden zu lassen. Deswegen nenne ich den 3. Weg auch den Weg der *Willensstärke.* Genau genommen ist deine Willensstärke hier sogar gleich doppelt gefragt. Es geht darum:

1. **Ja** zu den wirklich wichtigen Dingen zu sagen und
2. **Nein** zu den weniger wichtigen Dingen zu sagen.

Die drei ersten Wege bauen aufeinander auf. Der 1. Weg zeigt dir: »Du hältst das Steuer deines Lebens in der Hand. Du bist der Fahrer und nicht nur der Beifahrer.« Der 2. Weg sagt: »Entscheide dich, wohin du willst, und zeichne eine Landkarte, die dich ans Ziel führt.« Der 3. Weg fordert dich auf: »Geh konsequent auf dein Ziel zu. Lass dich nicht von irgendwelchen Hindernissen vom Kurs abbringen!«

## Wie du mehr aus deinem Leben machst

Hast du schon mal einen Koffer gepackt? Dann ist dir sicher aufgefallen, dass viel mehr reinpasst, wenn du alles ordentlich faltest und sortierst. Ähnlich ist es mit deinem Leben. Je besser du dich organisierst, desto mehr bekommst du unter – desto mehr Zeit bleibt dir für deine Familie, deine Freunde, die Schule, dich selbst und die Dinge, die dir am wichtigsten sind. Wie das geht? Dabei helfen dir die »Zeit-Quadranten«. Sie bestehen im Wesentlichen aus zwei Zutaten: dem »Wichtigen« und dem »Dringenden«:

- **Wichtig** sind die Dinge, die dir am meisten bedeuten – alles, was dich bei der Verwirklichung deiner Ziele voranbringt.
- **Dringend** sind alle eiligen Dinge – Sachen, die scheinbar nicht warten können und nach deiner sofortigen Aufmerksamkeit schreien.

Wir alle verbringen unsere Zeit in vier verschiedenen Quadranten. Sie enthalten die unterschiedlichsten Aktivitäten und werden jeweils von einem ganz bestimmten Personentyp verkörpert. Welche Typen das sind? Das zeigt dir die nächste Tabelle.

Die meisten von uns sind geradezu süchtig nach Dringlichkeit. Wir sind die JETZT-SOFORT-Generation. Nichts kann warten. Deshalb tragen wir auf unseren Smartphones das Internet, Chat-Programme, Instagram, Twitter, Apps, Games oder Online-Shops immer mit uns herum.

Dass etwas dringend ist, dass es eilt, kommt schon mal vor. Zum Problem wird das, wenn wir nur noch dringende Dinge im Kopf haben. So verlieren wir die Dinge, die wichtig, aber nicht dringend sind, aus dem Blick. Wirklich wichtige Dinge kommen zu kurz, weil wir damit beschäftigt sind, WhatsApp-Nachrichten und E-Mails sofort zu beantworten oder aufgeschobene Terminsachen auf den letzten Drücker zu erledigen.

Und wie sieht es bei dir aus? In welchem Quadranten verbringst du die meiste Zeit?

## Die 4 Zeit-Quadranten

| | DRINGEND | NICHT DRINGEND |
|---|---|---|
| **WICHTIG** | **1. Der Dringlichkeits-Junkie**<br>- Ich erledige alles immer auf den letzten Drücker.<br>- Ich sollte endlich mal mit dem Lernen anfangen – morgen schreiben wir eine Arbeit in Bio.<br>- Ich bin extrem gestresst, weil ich total vergessen habe, dass wir den Aufsatz in zwei Tagen abgeben müssen. | **2. Der Prioritäten-Setzer**<br>- Ich habe klare Ziele, die ich konsequent an die erste Stelle in meinem Lebe setze.<br>- Ich habe genügend Zeit für meine Freunde.<br>- Ich schreibe schon jetzt den Aufsatz, der erst in einer Woche fällig ist.<br>- Ich plane meine Zeit und lebe so viel entspannter. |
| **NICHT WICHTIG** | **3. Der Ja-Sager**<br>- Ich lasse mich leicht ablenken und werfe meine Pläne dann ganz schnell über den Haufen.<br>- Ich kümmere mich um die Sorgen und Nöte anderer.<br>- Ich tue anderen gerne einen Gefallen und nehme ihnen Aufgaben ab. | **4. Der Trödler**<br>- Ich bin ständig mit Instagram, WhatsApp und Co. beschäftigt.<br>- Ich daddele nonstop auf der Xbox.<br>- Ich quatsche stundenlang mit anderen.<br>- Ich trödle den ganzen Tag nur rum. |

## 1. Quadrant: Der Dringlichkeits-Junkie

Beginnen wir mit Q1, dem 1. Quadranten. Hier sind die Dinge, die *dringend* und *wichtig* zugleich sind. Es gibt immer wieder mal wichtige Dinge, die keinen Aufschub dulden – zum Beispiel, wenn jemand unerwartet krank wird und deine Hilfe braucht oder plötzlich irgendein Problem auftaucht, das du sofort lösen musst.

Vieles wird aber erst ein Fall für Q1, nachdem wir es so lange vor uns hergeschoben haben, bis es nicht mehr länger warten kann. Das passiert zum Beispiel, wenn du deinen Aufsatz erst am Tag vor dem Abgabetermin schreibst, den Bio-Stoff erst am Abend vor der Klassenarbeit paukst oder den Akku von deinem Handy erst austauschst, wenn er komplett schlapp macht.

Es gibt Menschen, die echte Dringlichkeits-Junkies sind. Manche glauben sogar, unter Zeitdruck besonders gut zu »funktionieren«. Die meisten aber nehmen sich vor, das nächste Mal schlauer zu sein ... Aber dann lernen sie wieder erst kurz vor der Klassenarbeit und schreiben ihren Aufsatz erst am Tag vor dem Abgabetermin. Diese Leute kann man mit einem Autofahrer vergleichen, der keine Zeit zum Tanken hat, weil er so damit beschäftigt ist, Kilometer runterzureißen.

Dringlichkeits-Junkies sind ununterbrochen im Notfallmodus. Solange kein Notfall vorliegt, laufen sie nur auf Sparflamme. Sie sind geradezu süchtig danach, alles erst in letzter Minute zu erledigen. Denn sie lieben das Glücksgefühl, das sich einstellt, wenn sie wieder mal im allerletzten Moment die Kurve gekriegt haben. Deshalb kommt strukturierte Planung für sie nicht infrage. Das würde sie um den Nervenkitzel bringen, alles erst kurz vor Torschluss zu erledigen.

Q1 gehört zum Leben dazu. Wenn du viel Zeit dort verbringst, hast du jede Menge Nervenkitzel. Über kurz oder lang hat das aber negative Folgen:

- Du stehst ständig unter Stress.
- Du bist total müde und ausgelaugt.
- Du bringst mäßige oder schlechte Leistungen.

## 2. Quadrant: Der Prioritäten-Setzer

Das Beste heben wir uns für den Schluss auf – du wirst schon sehen, warum!

## 3. Quadrant: Der Ja-Sager

Q3 steht für Dinge, die *dringend*, aber *nicht wichtig* sind. Dieser Quadrant ist richtig tückisch, da dringende Dinge häufig wichtig aussehen, es allerdings gar nicht sind! Wie oft lässt du alles stehen und liegen, um mal kurz auf dein Smartphone zu schauen? Außerdem ist Q3 voller Aktivitäten, die für andere wichtig sind, aber nicht für dich. Am liebsten würdest du Nein zu diesen Dingen sagen. Doch du traust dich nicht, weil du niemanden vor den Kopf stoßen oder enttäuschen willst. Hier ein paar Beispiele:

- Am Abend schauen deine Freunde spontan bei dir vorbei. Sie wollen, dass du mit ihnen um die Häuser ziehst. Du schaffst es nicht, Nein zu sagen, obwohl du am nächsten Tag eine wichtige Klassenarbeit schreibst und du eigentlich noch lernen und dann früh ins Bett gehen wolltest …
- Du hast deiner Schwester versprochen, ihr bei Mathe zu helfen. Doch dann hast du mit einem guten Freund gechattet. Er wollte was Dringendes von dir wissen. Doch dann gab's noch viele andere Themen. Eigentlich ging es nur um belangloses Zeug, aber das hat gedauert. Für deine Schwester und Mathe blieb leider keine Zeit …
- Eigentlich hast du keine Lust, zur Wasserwacht zu gehen. Du würdest viel lieber einen Kurs in Grafik-Design machen. Aber weil dein Vater ein begeisterter Rettungsschwimmer war, willst du ihn natürlich nicht enttäuschen …

Ich glaube, jeder von uns hat etwas von einem Ja-Sager in sich. Doch wenn du zu allem Ja sagst und nicht lernst, dich auf die wichtigen Dinge zu konzentrieren, wirst du es nicht allzu weit bringen. Die Folgen von zu viel Q3-Zeit sehen so aus:

- Du gibst das Steuer aus der Hand und überlässt die Führung anderen.
- Du hast nicht die nötige Disziplin, um dein Ding durchzuziehen und deine Ziele zu erreichen.
- Du wirst zum Fußabtreter für andere.

### 4. Quadrant: Der Trödler

In Q4 finden wir die Aktivitäten, die *weder dringend noch wichtig* sind. Der Trödler hängt ständig in Q4 ab. Er streamt ohne Ende Filme, schläft bis mittags, spielt stundenlang auf seiner Xbox und ist ständig online. Er ist ein Meister im Zeitverschwenden. Die Schule interessiert ihn nicht wirklich. Auch ein Nebenjob kommt für ihn nicht infrage. Lieber vertrödelt er seine Zeit – ob allein oder mit Freunden.

Natürlich ist es wichtig, auch mal nichts zu tun, zu chatten, im Internet zu surfen oder Filme und Serien anzuschauen. Wenn wir das jedoch ständig machen, ist es pure Zeitverschwendung. Die Folgen von zu viel Q4-Zeit sehen so aus:

- Du übernimmst keine Verantwortung für dein Leben und hast deswegen Stress in der Schule und mit deinen Eltern.
- Du hast ein schlechtes Gewissen, weil du deine Zeit vergeudest.
- Du langweilst dich und weißt nicht, was du mit dir und deinem Leben anfangen sollst.

## 2. Quadrant: Der Prioritäten-Setzer

Wie versprochen kommt das Beste zum Schluss – Quadrant 2! Q2 besteht aus Dingen, die *wichtig, aber nicht dringend* sind. Hier geht es beispielsweise um Sport, Freundschaften, Entspannung oder Planung und frühzeitige Erledigung der Hausaufgaben. In Q2 ist unsere Leistungsfähigkeit am höchsten. Doch weil Q2-Aktivitäten nicht dringend sind, räumen wir ihnen oft nicht genügend Zeit ein. Es könnte zum Beispiel sehr wichtig für dich sein, einen gut bezahlten Job für die Sommerferien zu finden. Aber bis dahin sind es ja noch ein paar Wochen. Die Sache ist also nicht dringend. Darum kannst du dich auch noch später kümmern. Doch irgendwann ist es dann zu spät und alle guten Jobs sind weg. Wenn du dir Zeit für Q2 genommen hättest, hättest du vorausschauend planen und dir einen tollen Ferienjob sichern können!

Der Prioritäten-Setzer ist keineswegs perfekt. Aber er bekommt die Dinge auf die Reihe. Er schaut sich rechtzeitig an, was er zu tun hat. Dann setzt er klare Prioritäten. So kann er sicher sein, dass er nicht in die Dringlichkeits-Falle tappt. Er achtet darauf, dass er das Wichtigste zuerst erledigt und das weniger Wichtige zuletzt. Und: Der Prioritäten-Setzer macht nicht alles auf den letzten Drücker. Er setzt sich rechtzeitig an seine Hausaufgaben oder fängt früh mit seinen Aufsätzen und Referaten an. Das bringt ihm richtig gute Noten – und das relativ entspannt und stressfrei.

Der Prioritäten-Setzer hat genügend Zeit, um sich sportlich zu betätigen und sich zu entspannen und auszuruhen. Auch die Menschen, die ihm wichtig sind, kommen nicht zu kurz.

Er hat gelernt, freundlich Nein zu sagen. Als seine Freunde eines Abends überraschend vorbeikommen, um ihn zu einer Party mitzunehmen, sagt er: »Tut mir leid. Ich schreibe morgen eine wichtige Arbeit. Wie wäre es mit Freitag?« Seine Freunde sind beeindruckt und wünschen sich insgeheim, dass auch sie den Mut hätten, Nein zu sagen.

Der Prioritäten-Setzer hat erkannt, dass es sich lohnt, sich dem Gruppendruck zu entziehen. Im ersten Moment eckt man damit vielleicht an. Aber langfristig sichert man sich den Respekt der anderen. Das Ergebnis von Q2-Zeit sieht so aus:

- Du bestimmst selbst über dein Leben.
- Du planst vorausschauend und ersparst dir unnötigen Stress.
- Du hast genügend Zeit für die Menschen und Dinge, die dir wichtig sind.

## So hat Q2 Vorfahrt!

Q1, Q2, Q3 oder Q4? Wenn du deine Ziele und Träume leben willst, solltest du so viel Zeit wie nur möglich in Quadrant 2 verbringen. Und das geht so:

### Verringere deine Q1-Aktivitäten

Es wird immer Dinge geben, die wichtig sind und keinen Aufschub dulden. Bei vielen kannst du allerdings dafür sorgen, dass es gar nicht erst so weit kommt. Mach es dir zur Gewohnheit, wichtige Dinge frühzeitig zu erledigen. Weniger Q1-Zeit bedeutet weniger Stress.

### Sag Nein zu Q3-Aktivitäten

Sei konsequent. Sag Nein zu unwichtigen Aufgaben. Jedes Nein ist in Wahrheit ein Ja für die Dinge, die dir persönlich wichtig sind.

## Verzichte auf einen Teil deiner Q4-Aktivitäten

Du brauchst deine Q4-Aktivitäten nicht auf null zu fahren. Es genügt, wenn du sie etwas zusammenstutzt. Nutz die frei gewordene Zeit für Q2-Aktivitäten. Denk dran: Auch Entspannung ist eine Q2-Aktivität. Sie wird nur zur Q4-Aktivität, wenn du es übertreibst.

Wenn du dich auf die wichtigen Dinge in deinem Leben konzentrieren willst, musst du dir mehr Zeit für Quadrant 2 nehmen. Außerdem hab ich noch zwei weitere Tipps für dich: Leg dir einen Kalender zu und plan deine Woche im Voraus.

## Leg dir einen Kalender zu

Ob auf dem Computer, dem Smartphone oder auf Papier: Nutz einen Kalender, in den du deine Termine, deine To-dos und deine Ziele eintragen kannst. Es gibt dafür hervorragende Programme und Apps. Wenn du möchtest, kannst du dir natürlich auch einen klassischen Papierkalender kaufen oder dir deinen eigenen basteln.

Vielleicht denkst du jetzt: »Ich will mein Leben aber nicht einem Zeitplaner unterwerfen!« Keine Sorge, der Kalender wird dir eine große Hilfe sein. Wenn du einen Zeitplaner hast, musst du keine Angst mehr haben, dass du Termine vergisst oder doppelt belegst. Er erinnert dich an die Abgabefristen für deine Referate und die Termine deiner Klassenarbeiten. Außerdem kannst du in deinem Zeitplaner alle wichtigen Infos, etwa Telefonnummern, Adressen oder Geburtstage, aufbewahren. So bist nicht mehr auf eine chaotische Sammlung aus fliegenden Zetteln angewiesen und hast alles sofort griffbereit. Du siehst: Der Planer wird nicht Herr über dich und deine Zeit sein, sondern dir das Leben erleichtern.

## Plan deine Woche im Voraus

Natürlich genügt es nicht, einen Zeitplaner zu haben, du musst ihn auch benutzen. Nimm dir also jede Woche eine Viertelstunde Zeit, um die nächsten sieben Tage zu planen. Weshalb du ausgerechnet wöchentlich planen solltest? Wenn du nur von Monat zu Monat planst, verlierst du schnell den Überblick. Natürlich könntest du auch Tag für

Tag planen. Doch dann kann es leicht passieren, dass du nur auf das achtest, was unmittelbar vor dir liegt, und deine langfristigen Ziele aus den Augen verlierst. Deshalb rate ich dir, Woche für Woche zu planen. Wenn du dabei in drei Schritten vorgehst, dann ist das ganz einfach:

### 1. Schritt: Such die großen Steine

Setz dich zu Beginn oder zum Ende einer Woche kurz hin. Überleg dir, was du in der anstehenden Woche alles schaffen willst. Frag dich: »Was sind die wichtigsten Sachen, die ich in dieser Woche erledigen muss?« Die wichtigsten Dinge, sind deine »großen Steine«. Meist liegen sie in Quadrant 2. Sie sind so etwas wie Mini-Ziele und sollten mit deinem Leitbild und deinen größeren Zielen in Zusammenhang stehen. Die Liste deiner großen Steine für die nächste Woche könnte so aussehen:

**Meine großen Steine für diese Woche:**

- für die Klausur in Chemie lernen
- zum Spiel von Leon gehen
- Bewerbungen für den Ferienjob verschicken
- Geburtstagsparty von Julia
- 3 x trainieren

Woher weißt du, was deine großen Steine sind? Am besten gehst du deine wichtigsten Rollen im Leben durch – zum Beispiel Schülerin, Freund, Familienmitglied, Jobberin, Sportler, Vereinsmitglied oder was sonst noch alles auf dich zutrifft. Überleg dir für jede Rolle ein oder zwei Dinge, die in dieser Woche wichtig sind. Du bist viel ausgeglichener, wenn du bei der Planung alle wichtigen Rollen berücksichtigst.

| Meine Rolle | Meine großen Steine für die Woche |
|---|---|
| *Schülerin* | *Mit dem Geschichtsreferat anfangen* |
| *Freund* | *Julias Geburtstag* |
| *Familienmitglied* | *Oma anrufen* |
| *Jobberin* | *Am Samstag von 9 bis 14 Uhr arbeiten* |
| *Ich selbst* | *Jeden Abend Tagebuch schreiben* |
| *Mitglied im Debattierklub* | *Argumente recherchieren*<br>*Freies Sprechen üben* |

Übertreib es bitte nicht bei der Auswahl deiner großen Steine für die Woche. Bleib realistisch und beschränk dich auf höchstens 10 bis 15.

### 2. Schritt: Reservier Zeit für deine großen Steine

Kennst du das Große-Steine-Experiment? Stell dir vor, du hast einen zur Hälfte mit Kies gefüllten Eimer. Jetzt versuchst du, noch einige große Steine in den Eimer zu bekommen. Aber die großen Steine sind sperrig. Zwischen ihnen bleibt viel Luft. Deshalb reicht der Platz im Eimer nicht für alle. Was machst du jetzt? Du leerst den Eimer aus und fängst noch mal von vorn an. Aber dieses Mal legst du erst alle großen Steine in den Eimer. Anschließend kommt der Kies. Jetzt füllt er die Lücken zwischen den großen Steinen wunderbar aus. So passen am Ende alle großen Steine *und* der Kies in den Eimer. Was ich damit sagen will? Es kommt auf die Reihenfolge an, in der du den Eimer füllst. Wenn du deine großen Steine nicht zuerst einplanst, wirst du keine Zeit mehr für die wirklich wichtigen Dinge haben. Reservier bei deiner Wochenplanung also immer zuerst Zeit für deine großen Steine. Du könntest beispielsweise beschließen, dass der Dienstagabend perfekt ist, um mit dem Geschichtsreferat zu beginnen. Trag die dafür erforderliche Zeit fest in deinen Kalender ein. Das ist dann wie ein Termin oder eine Verabredung.

Natürlich gibt es auch große Steine, die nicht mit einer bestimmten Zeit verbunden sind – zum Beispiel, jeden Tag drei Leuten etwas Nettes zu sagen. Diese Dinge solltest du an einer Stelle in deinem Planer vermerken, wo sie dir sofort ins Auge fallen.

### 3. Schritt: Trag den Rest ein

Nachdem du mit Sicherheit weißt, dass du genug Zeit für deine großen Steine gefunden hast, kannst du daran gehen, deine vielen anderen kleinen Erledigungen, Beschäftigungen und Verabredungen unterzubringen. Das ist dann der Kies. Mit dem füllst du die Lücken in deinem Terminkalender.

Wenn du ausreichend Zeit für deine großen Steine reserviert hast, dann wirst du auch noch Zeit für deine Alltagsaktivitäten finden. Und wenn nicht? Dann ist das auch kein Beinbruch. Was zählt, ist, dass du dir Zeit für die wirklich wichtigen Dinge nimmst.

### Bring deine Planung täglich auf den neuesten Stand

Du bist kein Hellseher. Deshalb kannst du nicht jede Woche bis ins kleinste Detail im Voraus planen. Bestimmt wirst du hin und wieder ein paar große und kleine Steine umschichten müssen. Versuch, dich möglichst an deinen Plan zu halten. Ärgere dich aber nicht, wenn du nicht alles abarbeiten kannst. Selbst wenn du nur zwei Drittel deiner großen Steine abträgst, ist das immer noch viel mehr, als du ohne Planung geschafft hättest.

### Funktioniert das wirklich?

Funktioniert die Sache mit dem Kalender, der Wochenplanung und den großen Steinen wirklich? Ja! Ich habe viele Nachrichten von Teenagern bekommen, in denen sie berichten, wie gut das bei ihnen klappt. Einer von ihnen ist Jacob:

*Ich weiß noch, wie ich das Bild mit den Zeit-Quadranten sah und dachte: Hey, das stimmt. Ich mache so viel auf den letzten Drücker – zum Beispiel Hausaufgaben. Wenn ich etwas am Montag abgeben musste, habe ich es am Sonntagabend erledigt. Und wenn am Freitag eine Klassenarbeit anstand, habe ich am Donnerstag die Schule geschwänzt, um zu lernen. Bei mir gab es eigentlich nur Stress. Nachdem ich mir überlegt hatte, was für mich wichtig war, habe ich angefangen, Prioritäten zu setzen und einen Planer zu benutzen.*

*Wenn ich Lust hatte, angeln zu gehen, habe ich mir gesagt: »STOPP: Die Hausaufgaben sind jetzt viel wichtiger. Deshalb mache ich sie zuerst. Vielleicht habe ich so den ganzen Samstag Zeit zum Angeln.« Inzwischen sind meine Noten viel besser. Wenn ich das mit der Planung schon früher gewusst hätte, hätte ich mir viel Stress ersparen können.*

## Die andere Hälfte ...

Zeitmanagement ist nur die eine Hälfte des 3. Weges. Die andere besteht darin, unsere *Ängste zu überwinden* und *Gruppendruck standzuhalten*. Du brauchst viel Mut, um dich dem Druck von außen zu widersetzen und dem treu zu bleiben, was dir wirklich wichtig ist.

Ich habe mal eine Gruppe von Jugendlichen gefragt, was für sie das Wichtigste sei. Die Antworten lauteten: »meine Familie«, »meine Freunde«, »Freiheit«, »Abenteuer«, »Vertrauen«, »dazuzugehören«, »Aussehen« ... Dann fragte ich sie: »Was hält euch davon ab, diese Dinge an die erste Stelle in eurem Leben zu setzen?« Die beiden häufigsten Antworten waren »Angst« und »Gruppendruck«. Deshalb möchte ich dir nun zeigen, wie du damit fertigwirst.

## Wechsel von der Komfort- in die Mutzone!

Das Wichtigste zuerst zu tun, erfordert Mut und bedeutet, dass du deine Komfortzone verlassen musst. Doch was ist das eigentlich, die Komfortzone? Das zeigt dir die folgende Abbildung:

Deine Komfortzone umfasst alles, was dir vertraut ist, die Freunde, zu denen du ein entspanntes Verhältnis hast, und die Aktivitäten, die dir Spaß machen. In der Komfortzone gibt es keine Risiken. Hier bewegst du dich mit Leichtigkeit. Du musst dich nicht strecken, aber du wächst auch nicht über dich hinaus.

Neue Freundschaften schließen, eine Rede vor vielen Leuten halten, für unsere Werte eintreten – das jagt uns kalte Schauer über den Rücken. Willkommen in der Mutzone! Dort warten Abenteuer, Risiken, Unsicherheit und Herausforderungen auf dich. Doch die Mutzone ist auch der Bereich der Chancen und Möglichkeiten. Nur in der Mutzone kannst du dein Potenzial voll entfalten. Solange du es dir in der Komfortzone bequem machst, kannst du das vergessen.

Sicher wirst du mich gleich fragen, was falsch daran ist, *es sich in seiner Komfortzone gemütlich zu machen.* Gar nichts! Es ist völlig in Ordnung, wenn du einen großen Teil deiner Zeit in deiner Komfortzone verbringst. Nur wenn du sie in keinem Augenblick verlässt und dich niemals in unbekannte Gewässer wagst, hast du über kurz oder lang ein Problem. Warum nicht ein wenig Selbstvertrauen zeigen? Wieso nicht mal ein Risiko eingehen und sich von Zeit zu Zeit in die Mutzone wagen?

## Vergiss deine Angst!

Es gibt viele Gefühle, die uns zu schaffen machen können. Angst gehört zu den schlimmsten. Wenn ich nur daran denke, was ich alles nicht gemacht habe, nur weil ich irgendwelche Ängste hatte, wird mir immer ganz schlecht. Ich werde nie vergessen, wie ich für die Schülermitverwaltung kandidieren wollte, dann aber kniff, weil ich Bammel hatte, vor allen Lehrern und Schülern zu sprechen.

> » *Wir bezwingen nicht den Berg, sondern uns selbst.* «
> Sir Edmund Hillary,
> Erstbesteiger des Mount Everest

Kurse, die ich nicht belegt habe; Menschen, mit denen ich keine Freundschaft geschlossen habe; Teams, in denen ich nicht gespielt habe: Das zieht sich durch mein ganzes Leben. Und warum? Nur wegen meiner Ängste! Mein Vater hat mal was zu mir gesagt, was mich sehr beeindruckt hat: »Sean, lass nie zu, dass deine Ängste deine Entscheidungen bestimmen. Du musst deine Entscheidungen selbst treffen!«

Es gibt so viele Menschen, die ihre Ängste besiegt und Großes geleistet haben. Nelson Mandela beispielsweise. Er trug maßgeblich zum Ende des menschenverachtenden Apartheid-Systems in Südafrika bei. Er musste 27 Jahre im Gefängnis verbringen, weil er seine Stimme gegen die Apartheid erhoben hatte. Doch später wurde er zum ersten nichtweißen Präsidenten von Südafrika gewählt. Was wäre wohl passiert, wenn er sich von seinen Ängsten davon hätte abhalten lassen, sich gegen das System aufzulehnen? Oder denk an den Mut und die Entschlossenheit von Susan B. Anthony. Nach langem Kampf hat sie es geschafft, dass das Frauenwahlrecht in die Verfassung der Vereinigten Staaten aufgenommen wurde. Auch der britische Premierminister Winston Churchill hat sich seinen Ängsten nicht unterworfen und sich im Zweiten Weltkrieg mutig gegen Adolf Hitler gestellt. Wie wäre der Krieg wohl ausgegangen, wenn Churchill Angst gehabt hätte? Eins ist sicher: Alle großen Taten, ob von berühmten oder »kleinen« Leuten, setzen die Überwindung von Ängsten voraus.

Zugegeben, der Angst die Stirn zu bieten, ist nicht einfach. Aber nachher bist du immer froh, dass du es geschafft hast. Oder wie es die Turnerin und Olympiasiegerin Gabby Douglas formulierte: »Die schwierigen Tage sind die besten. Da werden Champions geboren – wer an solchen Tagen erfolgreich ist, schafft alles!« Wenn du also das nächste Mal …

- jemanden als Freund oder Freundin gewinnen,
- dem Gruppendruck standhalten,
- eine schlechte Gewohnheit ablegen,
- eine neue Fähigkeit entwickeln,
- für eine Theaterrolle vorspielen,
- eine Sportart ausprobieren,
- deine große Liebe einladen,
- den Job wechseln,
- einfach nur du selbst sein willst,

dann tu es! Auch wenn du mit deinen Ängsten und Zweifeln kämpfst und deine innere Stimme dir sagt: »Das kann nur schiefgehen – versuch es lieber nicht!« **Mach es trotzdem!** Lass dir deine Entscheidungen niemals von deinen Ängsten diktieren. Triff sie selbst!

### Steh auf und mach weiter!

Wir haben alle manchmal Angst. Das ist normal. Willst du wissen, wie ich gelernt habe, meine Angst zu überwinden? Ich glaube fest an meinen Leitspruch: »*Gewinnen heißt, immer wieder aufzustehen, wenn man hinfällt.*« Zerbrich dir nicht den Kopf darüber, dass du vielleicht keinen Erfolg haben wirst. Denk lieber an die Chancen, die dir entgehen, wenn du etwas erst gar nicht versuchst.

Viele erfolgreiche Menschen sind unzählige Male gescheitert. Baseballspieler und Nationalidol Babe Ruth schlug den Ball im Lauf seiner Karriere 1330 Mal ins Aus. Beethovens Musiklehrer sagte: »Als Komponist ist er ein hoffnungsloser Fall.« Louis Pasteur war in Chemie nur ein mittelmäßiger Schüler. Marie Curie stand vor dem finanziellen Ruin, als sie die Kernchemie begründete und den Kurs der Wissenschaft für immer änderte. Steve Jobs wurde von Apple gefeuert, nur um später zurückzukehren und das iPhone auf den Markt zu bringen.

## Nimm den richtigen Weg!

Der Dichter Robert Frost schrieb: »Ich kam im Wald an eine Weggabelung und wählte den weniger ausgetretenen Pfad. Das änderte alles.« Ich bin überzeugt, dass es im Leben schwierige Momente gibt, in denen sich die Wege trennen. Dann hängt unser ganzes weiteres Leben davon ab, dass wir in diesen Augenblicken stark bleiben. Wir müssen uns entscheiden, ob wir den »richtigen« oder den »einfachen« Weg einschlagen.

Kleine schwierige Momente erlebst du täglich. Stehst du auf, wenn der Wecker klingelt? Bleibst du cool, obwohl du am liebsten aus der Haut fahren möchtest? Machst du alle deine Hausaufgaben heute oder verschiebst du den Rest auf morgen früh? Wenn du in diesen Augenblicken stark bist, werden deine Tage wesentlich glatter verlaufen. Falls du morgens schwach bist, den Wecker ignorierst und länger im Bett bleibst, trittst du damit eine Lawine los. Du kommst zu spät zur Schule und hetzt allen Terminen und Aufgaben nur noch hinterher. So bringt dir der ganze Tag nichts als Frust und Stress. Wenn du aber

wie geplant aufstehst, kannst du morgens schon deinen ersten kleinen Erfolg feiern – und oft ist das der Beginn eines richtig guten Tages.

Große schwierige Momente gibt es zum Glück nur selten in deinem Leben. Aber auch sie gehören dazu, etwa wenn du von deiner Freundin abserviert worden bist, du dich von falschen Freunden verabschieden willst, du dich dem Gruppendruck nicht beugen willst, du aus dem Fußballteam fliegst, deine Eltern sich scheiden lassen oder jemand aus deiner Familie stirbt. Solche Augenblicke gehen nicht spurlos an dir vorüber. Mach dir klar: Diese Momente sind unvermeidlich. Aber du kannst dich darauf vorbereiten und ihnen mutig entgegengehen.

Wähle im entscheidenden Augenblick nicht den einfacheren, sondern den richtigen Weg. Opfere dein künftiges Glück nicht einer wilden Partynacht, einem durchzechten Wochenende oder einem süßen Moment der Rache.

## Sag Nein zum Gruppendruck!

Wenn wir uns Gruppendruck ausgesetzt sehen, erleben wir oft besonders schwierige Augenblicke. Es braucht viel Mut, Nein zu sagen, obwohl alle deine Freunde Ja sagen. Wenn du es trotzdem schaffst, ist das eine dicke Einzahlung auf dein persönliches Selbstwertkonto. Das zeigt auch die folgende Geschichte, die mir ein Beratungslehrer einer High School erzählt hat:

*Eine Siebtklässlerin kam vor der ersten Stunde weinend in mein Büro gerannt. Immer wieder stammelte sie: »Sie hassen mich! Sie hassen mich!« Ihre Freunde wollten nichts mehr mit ihr zu tun haben. Sie hatten sie aus ihrer Gruppe ausgeschlossen, weil sie »zu feige« gewesen war, um gemeinsam mit den anderen die Schule zu schwänzen. Sie sagte, dass sie eigentlich mitmachen wollte. Doch dann hatte sie daran gedacht, was für eine Enttäuschung es für ihre Mutter wäre, wenn die Schule anrufen und sie darüber informieren würde, dass ihre Tochter schwänzte. Das wollte sie ihrer Mutter, die viele Opfer für sie gebracht hatte, nicht antun. Sie konnte sie einfach nicht enttäuschen!*

*Also hatte sie nicht mitgemacht und gehofft, dass am nächsten Tag wieder alles in Ordnung sein würde. Aber die anderen wollten nichts mehr mit ihr zu tun haben. Das war schlimm! Sie fühlte sich ausgegrenzt und unendlich einsam. Aber allmählich erkannte sie, dass sie allen Grund hatte, stolz auf sich zu sein. Schließlich hatte sie es geschafft, sich dem Gruppendruck zu widersetzen. Sie war standhaft geblieben und würde ganz sicher bald neue Freunde finden.*

*Dieser Augenblick, in dem sie sich selbst und ihren Überzeugungen treu geblieben war, war für sie eine Lektion fürs Leben.*

Warum ist es so schwer, sich dem Gruppendruck nicht zu beugen? Weil der Wunsch nach Zugehörigkeit manchmal stärker ist als alles andere. Deshalb sind manche Teenager bereit, brutale Aufnahmerituale über sich ergehen zu lassen, nur um Mitglied in einer Clique, einem Klub oder einer Studentenverbindung zu werden. Manche lassen sich nur deshalb auf Alkohol und Drogen ein, damit sie in einer Gruppe Anerkennung finden. Andere denken, sie müssten sich bei bestimmten Leuten einschmeicheln, um ihnen zu gefallen. Oft sind sie auch bereit, alte Freunde fallen zu lassen, weil sie angeblich uncool sind und nicht in die neue Gruppe passen.

Von Zeit zu Zeit musst du ein Risiko eingehen, dem Gruppendruck widerstehen und dich für das Richtige entscheiden. Warum das so wichtig ist? Das erzählt dir John aus Brooklyn:

*Einige meiner Freunde aus der achten Klasse richteten auf Facebook eine Seite ein, auf der sie ein Mädchen aus unserer Klasse mobbten. Es war echt schlimm. Sie machten aus ihren Fotos Meme und posteten fürchterliche Dinge über sie. Dabei gab es dafür überhaupt keinen Grund. Das Mädchen gehörte nur einfach nicht so dazu.*

*Manche meiner Freunde wollten, dass ich mitmache. Aber ich hab mich geweigert. Schließlich hab ich die Gruppe gemeldet, anonym. Daraufhin wurde die Gruppe geschlossen. Ich wusste, dass das richtig war. Natürlich hatte ich*

*Angst, dass sie mich dafür fertigmachen würden. Doch niemand wusste, dass ich es war. Nach dem Mathekurs bin ich zu dem Mädchen gegangen und habe mit ihr gesprochen. Ich wollte sie besser kennenlernen und ihr zeigen, dass sie nicht allein ist.*

Gruppendruck ist nicht immer schlecht. Oft ist er sogar sehr gut. Wenn du einen Freund findest, der positiven Druck macht, damit du dein Potenzial voll ausschöpfst, dann solltest du dich freuen. Eine bessere Unterstützung kannst du nicht finden!

Falls du dem Gruppendruck gerne widerstehen würdest, ihm dann aber doch immer wieder nachgibst, hab ich noch zwei Tipps für dich:

1. **Zahl auf dein persönliches Selbstwertkonto ein.**
Wenn du wenig Selbstachtung und Selbstvertrauen hast, woher willst du dann die Kraft nehmen, dich dem Druck von anderen zu widersetzen? Was kannst du tun? Fass einen Vorsatz und setze ihn um. Hilf jemandem, der deine Unterstützung braucht. Arbeite an deinen Stärken und Talenten. Und lies dir ruhig das Kapitel zum Selbstwertkonto in diesem Buch noch mal durch.

2. **Erstell dein persönliches Leitbild und setz dir Ziele.**
Wie willst du für deine Ziele und Werte eintreten, wenn du noch gar nicht darüber nachgedacht hast, wie diese aussehen sollen? Es wird viel leichter für dich, Nein zu sagen, wenn du weißt, zu welchen Zielen und Werten du Ja sagst. Es ist wesentlich einfacher, Nein zum Schwänzen zu sagen, wenn du zu deinem Ziel, gute Noten zu bekommen und eines Tages zu studieren, Ja sagst. Am besten, du siehst dir das Kapitel zum 2. Weg, »Schon am Anfang das Ende im Sinn haben«, noch mal genauer an.

## Was macht Menschen erfolgreich?

Ein gewisser Albert E. Gray verbrachte viele Jahre damit, das Geheimnis erfolgreicher Menschen zu lüften. Was, denkst du, war das Ergebnis? Die Erfolgsformel lautet:

*Alle erfolgreichen Menschen tun Dinge, vor denen sich die weniger Erfolgreichen drücken. Auch die Erfolgreichen haben nicht unbedingt Spaß daran. Aber sie überwinden ihre Abneigung, weil sie ihre Ziele fest im Blick haben.*

Das heißt: Erfolgsmenschen sind bereit, in den sauren Apfel zu beißen und Dinge zu tun, die ihnen nicht wirklich Spaß machen. Glaubst du, dass ein Pianist es toll findet, jeden Tag Stunden über Stunden zu üben? Oder dass jemand, der sich das Geld fürs Studium selbst verdienen muss, gern von einem Job zum nächsten hetzt?

### Und noch was ...

Wir haben sehr viele Leute gefragt, welcher der 7 Wege der schwierigste für sie ist. Rate mal, was die meisten gesagt haben? Genau – der 3. Weg. Also, gib nicht gleich auf, wenn es dir auch so geht. Du weißt nicht, wie du mit dem 3. Weg beginnen sollst? Dann sieh dir die »kleinen Schritte« auf der nächsten Seite an. Sie helfen dir, den Einstieg zu finden.

## Kleine Schritte

1. Was sind deine größten Zeit-Killer?
Mit welchen Dingen vergeudest du am meisten Zeit? Musst du dir wirklich jeden Tag stundenlang die Instagram-Seiten anderer Leute anschauen, endlos mit Freunden chatten oder ewig mit der Konsole spielen?

   Meine größten Zeit-Killer: ______________________________

   ______________________________________________________

   ______________________________________________________

2. Sagst du zu allem und jedem Ja, weil du niemanden enttäuschen willst? Dann solltest du gleich heute den Mut haben, auch mal Nein zu sagen.

3. Was sind deine sieben wichtigsten »großen Steine« für die anstehende Woche? Schreib sie jetzt auf:

   1. ______________________________________________________

   2. ______________________________________________________

   3. ______________________________________________________

   4. ______________________________________________________

   5. ______________________________________________________

   6. ______________________________________________________

   7. ______________________________________________________

Trag deine sieben großen Steine gleich in deinen Kalender ein und reservier dir ausreichend Zeit für jeden einzelnen.

4. Wie stark wirkt sich der Gruppendruck auf dich aus? Wer hat den größten Einfluss auf dich? Frag dich selbst: »Tue ich das, was ich selbst will? Oder mache ich das, was andere von mir erwarten?«

5. Leute, die am meisten Druck auf mich ausüben:

________________________________________

________________________________________

________________________________________

________________________________________

# Teil 3: Dein Erfolg im Team

## Deine Beziehungskonten

Der Stoff, aus dem das Leben ist

## Der 4. Weg: Win-Win-Denken

Jeder kann gewinnen: Es ist genug für alle da

## Der 5. Weg: Erst verstehen, dann verstanden werden

Warum hast du zwei Ohren und nur einen Mund?

## Der 6. Weg: Synergien schaffen

Gemeinsam mehr erreichen: Du bist nicht allein

# Deine Beziehungskonten

## Der Stoff, aus dem das Leben ist

**Eins meiner Lieblingszitate** lautet:
»Niemand bereut auf dem Sterbebett, dass er nicht mehr Zeit im Büro verbracht hat.«

Ich hab mich oft gefragt, was Sterbende sich wohl wirklich wünschen. Meine Antwort: »Dass ich mehr Zeit mit den Menschen verbracht hätte, die ich liebe.« Beziehungen sind der Stoff, aus dem das Leben gemacht ist.

Überleg mal, wie ist es, eine Beziehung zu dir zu haben. Wie würdest du dich selbst einschätzen? Umkringle einfach in der Tabelle unten mit einem Stift die Zahl, die du dir selber geben würdest:

| **Wie ist meine Beziehung zu** | ☹ | | | | ☺ |
|---|---|---|---|---|---|
| *… meinen Freunden?* | 1 | 2 | 3 | 4 | 5 |
| *… meinen Geschwistern?* | 1 | 2 | 3 | 4 | 5 |
| *… meinen Eltern?* | 1 | 2 | 3 | 4 | 5 |
| *… meinem festen Freund oder meiner festen Freundin?* | 1 | 2 | 3 | 4 | 5 |
| *… meinen Lehrern?* | 1 | 2 | 3 | 4 | 5 |

Und wie läuft's mit deinen Beziehungen? Ich hab ja schon erwähnt, dass wir unsere Beziehungen zu anderen nur in den Griff bekommen, wenn wir uns selbst im Griff haben – zumindest einigermaßen! Deshalb kommt bei den 7 Wegen dein persönlicher Erfolg vor deinem Erfolg im Team. Während es in Teil 2 dieses Buches um dein persönliches Selbstwertkonto und den 1., 2., und 3. Weg ging, dreht sich in Teil 3 alles um deine Beziehungskonten und die Wege 4, 5 und 6.

Aber wieso ist dein persönlicher Erfolg so wichtig für deine Beziehungen? Ganz einfach: Du selbst bist die wichtigste Basis für jede deiner Beziehungen. Falls du Probleme in deinen Beziehungen hast, musst du wahrscheinlich nicht lange suchen, um den Grund dafür zu finden. Denn du selbst bist die Ursache!

»Dein persönlicher Erfolg« hilft dir, *unabhängig* zu werden. Er ermöglicht es dir zu sagen: »Ich bin für mich selbst verantwortlich und kann mein Leben in die eigene Hand nehmen.« Dahingegen ist »dein Erfolg im Team« der Schlüssel, um gut mit anderen klarzukommen und sie im positiven Sinne zu beeinflussen.

Jetzt aber zurück zu den Beziehungen. In diesem Buch hast du schon einiges über dein persönliches Selbstwertkonto erfahren. Es zeigt an, wie viel Vertrauen du in dich selbst hast. Ein ähnliches Konto gibt es auch für deine Beziehungen zu anderen Menschen: das Beziehungskonto. Auch das ist mit einem Bankkonto vergleichbar. Du kannst deine Beziehungen durch Einzahlungen stärken oder durch Abhebungen schwächen.

Gute, gesunde Beziehungen sind immer das Ergebnis regelmäßiger Einzahlungen, die du über einen längeren Zeitraum hinweg tätigst. In drei Punkten unterscheidet sich ein Beziehungskonto jedoch von einem herkömmlichen Bankkonto:

1. Die meisten von uns haben nur ein oder zwei Bankkonten. Im Gegensatz dazu hast du bei jedem Menschen, den du kennst, ein eigenes Beziehungskonto. Angenommen, du begegnest in der Schule einem neuen Mitschüler. Was passiert, wenn du ihm freundlich zulächelst und nett Hallo sagst? Dann eröffnest du ein Beziehungskonto bei ihm – und füllst es gleich mit einer ersten Einzahlung. Auch wenn du ihn links liegen lässt, eröffnest du ein Konto bei ihm. Das rutscht allerdings sofort ins Minus.

2. Anders als ein Girokonto kannst du ein Beziehungskonto nie wieder auflösen. Wenn du einen Freund triffst, den du seit Jahren nicht mehr gesehen hast, könnt ihr genau da weitermachen, wo ihr damals aufgehört habt.

3. Auf einem Bankkonto sind 10 Euro 10 Euro. Ganz anders ist es bei einem Beziehungskonto. Hier besteht ein großer Unterschied zwischen Einzahlungen und Abhebungen. Einzahlungen lösen sich leicht in Luft auf, während Abhebungen zentnerschwer wiegen können. »Ich wusste gar nicht, dass du in Kleidergröße 40 passt!«: Oft genügt schon eine einzige achtlose Bemerkung, um die Einzahlungen von vielen Wochen mit einem Schlag zunichtezumachen.

Und wie kannst du gute Beziehungen aufbauen oder kaputte Beziehungen reparieren? Mit einer Einzahlung nach der anderen. Einige Teenager haben mir erzählt, was die größten Einzahlungen sind, die andere auf ihr emotionales Beziehungskonto überweisen. Hier sind einige Beispiele:

*» Wenn jemand zu mir sagt: ›Du siehst heute aber toll aus‹ oder: ›Das hast du gut gemacht‹. Wenige Worte können viel bewirken. «*

*» Meine Freunde haben mir zum Geburtstag ein riesengroßes Spruchband gebastelt. «*

» *Als mein Freund ein paar von meinen Gedichten gelesen hatte, meinte er, dass ich genial sei und unbedingt ein Buch schreiben sollte.* «

» *Mein Bruder hat mich immer mitgenommen, wenn er mit seinen Freunden zum Eishockeyspielen gegangen ist.* «

» *Ein Freund sagte mir, er sei überzeugt, dass ich immer ehrlich und ganz ich selbst sei. Dass das jemand bemerkt hat, bedeutetet mir sehr viel.* «

Du siehst: Es gibt viele Arten von Einzahlungen. Die folgenden sechs sind besonders wirksam. Allerdings gibt es zu jeder dieser Einzahlungen auch eine Abhebung, die du unbedingt vermeiden solltest:

| + Einzahlungen | − Abhebungen |
|---|---|
| *Du hältst deine Versprechen.* | *Du brichst deine Versprechen.* |
| *Du machst anderen eine Freude und bist nett zu ihnen.* | *Du zeigst anderen die kalte Schulter.* |
| *Du verhältst dich anderen gegenüber loyal.* | *Du lästerst über andere und missbrauchst ihr Vertrauen.* |
| *Du hörst anderen aufmerksam zu.* | *Du lässt andere nicht zu Wort kommen.* |
| *Du entschuldigst dich, wenn du etwas verbockt hast.* | *Du gibst deine Fehler nicht zu.* |
| *Du bist offen und ehrlich zu anderen.* | *Du lässt andere im Dunkeln tappen.* |

### Einzahlung 1: Versprechen halten

»Sean, ich hoffe, ich muss dich nicht noch mal daran erinnern. Aber im Kofferraum meines Autos sind noch Müllsäcke von eurer Party vorgestern Abend. Wirf sie bitte endlich in die Tonne.«

»Klar, mach ich, Papa.«

Irgendwie habe ich dann doch vergessen, die Müllsäcke aus dem Kofferraum zu holen, obwohl ich es fest versprochen hatte. Aber ich hatte an diesem Samstagnachmittag ein Date mit einem echt tollen Mädchen. Ich hatte meinen Vater gefragt, ob ich das Auto bekomme. Doch er hatte Nein gesagt, weil es ihm nicht gehörte. Es war ein Leihwagen. Deshalb wollte er nicht, dass ich ständig damit herumfuhr. Allerdings hab ich das Auto trotzdem genommen. Mein Vater hatte so viel zu tun, dass ich mir sicher war, dass er das gar nicht bemerken würde. Das Date war einfach wunderschön. Aber auf dem Nachhauseweg passierte es: Ich fuhr auf ein anderes Auto auf. Zum Glück wurde niemand ernsthaft verletzt. Obwohl ich nur mit 50 unterwegs war, waren beide Autos praktisch schrottreif. Den Telefonanruf, den ich danach machen musste, werde ich nie vergessen:

*»Papa ...«*
*»Ja?«*
*»Ich hatte einen Unfall.«*
*»WAS? IST DIR WAS PASSIERT?«*
*»Ich bin jemandem draufgefahren. Verletzt ist keiner.«*
*»MIT WELCHEM AUTO?«*
*»Deinem.«*
*»NEIIIIIIIIIIIIIIN!!!«*

Obwohl ich den Telefonhörer vorsichtshalber schon 20 Zentimeter weit weg hielt, bekam ich fast einen Hörsturz. Ich ließ das Auto zur Werkstatt schleppen. Vielleicht konnte man ja doch noch was machen. Weil Samstag war, konnten sie es sich erst am Montag ansehen. Doch am Montag bekam mein Vater dann einen Anruf aus der Werkstatt: Als die Mechaniker den Kofferraum öffneten, schlug ihnen ein so fürchterlicher Gestank entgegen, dass sie sich weigerten, auch nur einen Handschlag an dem Auto zu machen. Du kannst dir nicht vorstellen, wie wütend mein Vater war!

In den nächsten Wochen behandelte er mich, als wäre ich Luft. Über den Unfall an sich war er gar nicht so wütend. Aber ich hatte gleich zwei Versprechen gebrochen: »Ich werde dein Auto nicht nehmen, Papa!« und »Ja, ich räume den Abfall aus dem Kofferraum!«. Das war eine riesige Abhebung von meinem Beziehungskonto bei ihm. Ich war tief in die roten Zahlen gerutscht. Und es dauerte sehr lange, bis ich wieder im Plus war.

Versprechen zu halten ist unverzichtbar, wenn du Vertrauen aufbauen willst. Geh also lieber sparsam mit deinen Versprechen um. Und: Tu alles, um deine Zusagen einzuhalten.

Aber was ist, wenn du ein Versprechen nicht erfüllen kannst? Sei ehrlich. Gib demjenigen, dem du etwas versprochen hast, sofort Bescheid. Sag ihm ganz offen, warum es nicht klappt. Wenn du sonst immer zuverlässig bist, wird er sicher Verständnis dafür haben, dass du eine Zusage ausnahmsweise mal nicht in die Tat umsetzen kannst.

Übrigens: Versprechen zu halten ist besonders wichtig, wenn dein Beziehungskonto bei deinen Eltern ins Minus gerutscht ist. Zu Hause läuft alles viel entspannter ab, wenn deine Eltern Vertrauen zu dir haben.

## Einzahlung 2: Anderen eine Freude machen

Kennst du das? Manchmal geht einfach alles schief. Deine Stimmung ist auf dem Tiefpunkt. Aber dann sagt jemand was Nettes zu dir. Schlagartig ist alles anders! Manchmal genügt ein freundliches »Hi!«, ein Lächeln, ein Kompliment, eine Umarmung oder eine lustige SMS – und der Tag ist gerettet.

In Beziehungen sind oft gerade die kleinen Gesten ganz große Einzahlungen. Eigentlich ist es ganz leicht: Behandle andere immer so, wie *du* gerne von ihnen behandelt werden möchtest. Denk aber bitte dran, dass eine »Einzahlung« für andere manchmal anders aussieht als

für dich selbst. Vielleicht freust du dich ja über ein schönes Geschenk, aber einem anderen ist es viel wichtiger, dass ihm jemand sein Ohr »schenkt« und ihm zuhört.

Also, wenn dir was Nettes einfällt, was du jemandem sagen könntest, dann tu es. Damit machst du nicht nur dem anderen, sondern auch dir eine große Freude!

## Einzahlung 3: Loyal gegenüber anderen sein

Ich werde nie vergessen, wie ich mir als Neuntklässler mit meinem Freund Eric ein Basketballspiel an unserer Schule anschaute. Einer der Spieler saß die ganze Zeit nur auf der Bank. Ich kannte ihn und er war immer total nett zu mir. Allerdings machten sich viele aus unserem Jahrgang gerne über ihn lustig. Ich weiß nicht, warum, aber ich beschloss, es auch mal zu versuchen. Tatsächlich brachte ich Eric mit meinen Witzen über den Jungen zum Lachen.

Nachdem ich eine halbe Ewigkeit über den Jungen hergezogen hatte, drehte ich mich zufällig um – und bekam einen Riesenschreck. Direkt hinter mir saß der kleine Bruder des Jungen. Er hatte alles gehört! Ganz schnell schaute ich weg und sagte kein Wort mehr. Ich fühlte mich wie ein totaler Idiot – klein wie ein Zwerg. An diesem Abend lernte ich eine wichtige Lektion über Loyalität.

Loyalität gegenüber anderen gehört zu den größten Einzahlungen, die wir auf Beziehungskonten machen können. Wenn du hinter ihrem Rücken über andere herziehst, schadest du dir gleich doppelt:

1. Du machst Abhebungen auf deinen Beziehungskonten bei allen, die deine Bemerkungen aufschnappen. Nehmen wir an, du bekommst mit, dass ich schlecht über Noah rede. Er ist aber gar nicht dabei und kann sich nicht verteidigen. Was denkst du dann über mich? Wahrscheinlich glaubst du, dass ich auch über dich herziehen werde, sobald du mir den Rücken zudrehst.

2. Du machst eine »unsichtbare Abhebung« bei der Person, über die du lästerst. Was ich damit meine? Früher oder später wird der Betreffende mitbekommen, dass du über ihn herziehst. Glaub mir, so was spricht sich immer sehr schnell rum!

Klatsch, Tratsch und Lästereien sind bei vielen sehr beliebt. Aber warum machen wir das überhaupt? Manchmal geht es um Macht: Wenn du über jemanden herziehst, ohne dass er sich dagegen wehren kann, hast du Macht über ihn – zumindest vorübergehend. Oft versuchen wir auch, unsere Unsicherheiten und Ängste zu überspielen oder uns bei anderen einzuschmeicheln, indem wir über andere lästern.

Auch wenn es um die Gruppenzugehörigkeit geht, erhoffen sich viele einen Vorteil, wenn sie schlecht über andere sprechen. Sie wollen ihren Platz behaupten, indem sie einen Keil zwischen die Gruppe und jemand anderen treiben. Das erklärt, weswegen sie sich für ihre Attacken häufig Personen aussuchen, die anders aussehen, anders denken oder sich sonst irgendwie von der Masse abheben. Bei diesen Leuten scheint die Wahrscheinlichkeit höher, dass man sie tatsächlich aus der Gruppe herausdrängen kann. Doch am Ende schadet man sich damit meistens nur selbst. Gerede und Gerüchte zerstören vermutlich mehr Beziehungen als alles andere.

## Was zeichnet »loyale« Menschen aus?

### Loyale Leute behalten Geheimnisse für sich

Loyal ist, wer Dinge, die ihm im Vertrauen gesagt wurden, für sich behält. Wenn dir jemand etwas anvertraut und dich bittet, es niemandem zu erzählen, solltest du es auch tatsächlich für dich behalten und nicht im nächsten Augenblick weitertratschen.

### Loyale Leute verbreiten keine Gerüchte

Sorg dafür, dass andere dich nicht für eine Klatschbase halten. Das heißt nicht, dass du nicht über andere sprechen darfst. Aber sei fair und konstruktiv. Denk dran: Wer stark ist, spricht über Ideen. Nur wer schwach ist, redet über Leute.

### Loyale Leute setzen sich für andere ein

Wenn jemand anfängt, über andere herzuziehen, solltest du nicht mitmachen. Noch besser ist es natürlich, wenn du dich für denjenigen, über den schlecht gesprochen wird, einsetzt. Das geht auch, ohne gleich den Moralapostel zu spielen. Die Zehntklässlerin Carry hat mir folgende Geschichte erzählt:

*Während der Englischstunde fing mein Freund Matt plötzlich an, über ein Mädchen aus meiner Nachbarschaft zu lästern. Ich kannte das Mädchen, aber wir waren nicht näher befreundet. Matt hatte sie zu einer Party mitgenommen und jetzt zog er über sie her. Ich drehte mich um und sagte: »Entschuldige, aber Kim und ich sind zusammen groß geworden. Ich finde sie echt nett.« Dass mir das rausrutschte, erstaunte mich selbst. Matt und ich sind nach wie vor gute Freunde. Und: Spätestens nach dieser Geschichte weiß er, dass auch er auf meine Loyalität zählen kann.*

Sich von der Gerüchteküche fernzuhalten, erfordert manchmal Mut. Aber selbst wenn andere dich dafür im ersten Moment schief ansehen, werden sie es dir dennoch positiv anrechnen und dich sogar insgeheim dafür bewundern.

Und noch ein Tipp: Du solltest dich vor allem bemühen, gegenüber deiner Familie loyal zu sein. Denn sie wird dich dein ganzes Leben lang begleiten.

## Einzahlung 4: Anderen aufmerksam zuhören

Die Bereitschaft, zuzuhören, gehört zu den größten Einzahlungen, die du auf deine Beziehungskonten bei anderen machen kannst. Warum? Zuhören kann Wunden heilen. Das zeigt auch der Fall der fünfzehnjährigen Tessa:

*Anfang des Jahres hatte ich große Probleme mit meinen Eltern. Sie hörten mir nicht zu und ich ihnen auch nicht. Sie dachten, sie wären im Recht, und ich glaubte, ich wäre im Recht. Abends kam ich spät nach Hause und ging gleich ins Bett. Morgens aß ich mein Frühstück und machte mich auf den Weg zur Schule, ohne ein Wort zu sagen. Irgendwann traf ich mich mit meiner Cousine, die schon über 20 ist, um mit ihr zu reden. Wir sind einfach mit dem Auto rumgefahren, um ungestört zu sein. Sie hörte zu, während ich zweieinhalb Stunden lang schrie und heulte. Indem sie sich das alles anhörte, half sie mir sehr. Sie war überzeugt, dass sich alles wieder einrenken würde. Außerdem schlug sie vor, dass ich versuchen sollte, das Vertrauen meiner Eltern zurückzugewinnen. Seitdem bemühe ich mich, auch den Standpunkt meiner Eltern zu verstehen. Jetzt bekämpfen wir uns nicht mehr und kommen wieder viel besser miteinander klar.*

## Einzahlung 5: Sich entschuldigen

Wenn du dich entschuldigst, weil du jemanden angebrüllt, überreagiert oder einen Fehler gemacht hast, kannst du ein überzogenes Beziehungskonto schnell wieder ins Plus bringen. Zu einem Freund zu gehen und zu sagen: »Tut mir leid!« oder »Ich war im Unrecht!«, erfordert Mut. Besonders schwer ist es allerdings, sich bei seinen Eltern zu entschuldigen. Das weiß auch die 17-jährige Lena:

*Meine Eltern sind immer bereit, mir eine neue Chance zu geben, wenn ich meine Fehler eingestehe und mich dafür entschuldige. Das klingt gut, macht es aber leider auch nicht einfacher. Vor einiger Zeit hat meine Mutter mich zur Rede gestellt, weil ich etwas getan hatte, was sie nicht gut fand. Ich habe alles abgestritten und so getan, als wären meine Eltern total bescheuert. Schließlich habe ich meiner Mutter meine Zimmertür vor der Nase zugeknallt.*

*Dabei habe ich mich richtig schlecht gefühlt. Mir wurde klar, dass ich im Unrecht war. Die große Frage war, was ich jetzt machen sollte. In meinem Zimmer bleiben und hoffen, dass die ganze Aufregung sich irgendwann wieder legen würde? Oder nach unten gehen und mich entschuldigen? Schließlich entschied ich mich für die Entschuldigung. Ich ging zu meiner Mutter, umarmte sie und sagte ihr, dass mir mein Verhalten sehr leidtue. Das war das Beste, was ich machen konnte. Danach war alles so, als ob nichts passiert wäre. Ich war einfach nur froh und erleichtert.*

Lass dich nicht von deinem Stolz oder deiner Angst abhalten, dich bei anderen zu entschuldigen. Meistens ist es gar nicht so schwer, wie es zunächst aussieht. Danach wirst du dich viel besser fühlen. Außerdem entwaffnen wir andere mit einer ehrlichen Entschuldigung. Du kannst dir das so vorstellen: Wenn du jemanden verletzt, wird er sich wehren und zu seinem Schwert greifen, um sich zu schützen. Wenn du dich aber bei ihm entschuldigst, könnt ihr Frieden schließen und die Waffen niederlegen. Jeder Mensch macht Fehler. Dann ist es hilfreich, wenn wir über unseren Schatten springen und uns bei anderen entschuldigen. Was meinst du?

## Einzahlung 6: Offen und ehrlich zu anderen sein

»Ich finde, du solltest dich mal wieder mit jemand anderem verabreden«, könnte dein Freund oder deine Freundin zu dir sagen.

»Aber ... ich dachte, wir beide sind jetzt fest zusammen«, könntest du antworten.

»Ähm ... bitte sei mir nicht böse, aber ...«

»Und was ist mit all den Dingen, die du mir erzählt hast? Von wegen Gefühle und so?«

»Na ja, da hast du was falsch verstanden. Ganz so habe ich das nicht gemeint ...«

Es kann richtig wehtun, wenn man sich falsche Hoffnungen macht, weil ein anderer seine wahren Gefühle nicht offen und ehrlich äußert. Oft sagen wir nette Dinge zu anderen, um ihnen nicht wehzutun. Am Ende tun wir ihnen damit aber umso mehr weh. Denn so wecken wir falsche Hoffnungen, die wir später enttäuschen müssen. Deshalb ist es besser, auf schwammige Botschaften und vage Andeutungen zu verzichten.

Hab keine Scheu, anderen auch mal eine Bitte oder einen Wunsch abzuschlagen. Das ist weniger verletzend, als wenn du erst scheinbar darauf eingehst, nur um den anderen im nächsten Augenblick zu enttäuschen.

Ob ein neuer Job, eine neue Beziehung oder eine neue Freundschaft: Es ist immer hilfreich, wenn sich alle Beteiligten die Zeit nehmen, ihre Erwartungen abzuklären. Dann sind alle auf dem gleichen Stand und keiner muss sich unbegründete Hoffnungen oder Sorgen machen.

## Eine wichtige Aufgabe für dich

Zum Schluss dieses Kapitels habe ich noch eine wichtige Aufgabe für dich. Sicher gibt es eine Beziehung, in der es nicht so gut läuft, wie du es dir eigentlich wünschst. Das könnte beispielsweise deine Beziehung zu deinem Vater, deiner Mutter, deinem Bruder, deiner Schwester oder zu einem Freund oder einer Freundin sein. Nimm dir fest vor, diese Beziehung durch regelmäßige kleine Einzahlungen auf dein Beziehungskonto bei dieser Person zu kitten. Hab Geduld. Mach dir klar: Es braucht Monate, um das wieder aufzubauen, was in wenigen Tagen zerstört wurde. Aber jede deiner Einzahlungen wird dem anderen ein Stück deutlicher zeigen, dass du es ehrlich meinst und die Beziehung wirklich verbessern willst.

## Kleine Schritte

1. **Versprechen halten**
Wenn du das nächste Mal abends weggehst, sag deinen Eltern, wann du nach Hause kommst. Und: Halte dich auch daran. Als Bonus könntest du ihnen eine SMS schicken, sobald du dich auf den Heimweg machst.

2. **Anderen eine Freude machen**
Kauf einem Obdachlosen in dieser Woche ein Sandwich. Schick jemandem, dem du schon lange danken wolltest, eine handgeschriebene Karte.

Bei wem ich mich bedanken will: ______________________

______________________________________________

______________________________________________

3. **Loyal gegenüber anderen sein**
Wann und mit wem fällt es dir besonders schwer, nicht über andere zu lästern? Wenn du mit einem bestimmten Freund zusammen bist? Im Sportverein? Oder in den sozialen Medien? Entwickle einen Aktionsplan. Schreib auf, was du tun kannst, um nicht mehr über andere herzuziehen.

______________________________________________

______________________________________________

4. **Zuhören**
Rede heute mal nicht so viel, sondern hör den anderen wirklich zu. Achte darauf, wie sich eure Beziehung dann verändert.

## 5. Sich entschuldigen

Schreib heute Abend vor dem Schlafengehen eine kleine Entschuldigungsbotschaft für jemanden, den du möglicherweise verletzt hast.

## 6. Offen und ehrlich zu anderen sein

Denk an eine Situation, bei der du nicht die gleichen Erwartungen hast wie die andere Seite. Überleg dir, wie ihr eure Erwartungen in Einklang bringen könnt.

Die Erwartungen der anderen Seite: ______________________

______________________________________________________

______________________________________________________

Meine Erwartungen: ____________________________________

______________________________________________________

______________________________________________________

# Der 4. Weg: Win-Win-Denken

Jeder kann gewinnen:
Es ist genug für alle da

**Wofür leben wir**, wenn nicht dafür, uns gegenseitig das Leben leichter zu machen.

George Eliot alias Mary Ann Evans, Schriftstellerin

Ich war auf einer extrem harten Business School. Hier setzte man bei der Leistungsbewertung auf die berühmt-berüchtigte Normalverteilung: In jedem Kurs wurden zehn Prozent der Studenten in »Kategorie III« eingestuft. Das bedeutete nichts anderes als »nicht bestanden!«. Es spielte keine Rolle, wie gut oder schlecht die Leistungen des Kurses insgesamt waren. Zehn Prozent der Leute schafften es nicht. Und wer in zu vielen Kursen durchgefallen war, musste die Business School verlassen. Der Druck war kaum auszuhalten.

Alle Studenten waren ziemlich gut. Es herrschte ein harter Wettbewerb, der mich und meine Kommilitonen zu seltsamen Verhaltensweisen *verleitete*. Ich sage ganz bewusst »verleitete«, denn wir wurden nicht dazu gezwungen, uns als Konkurrenten zu sehen.

Mein einziges Ziel bestand darin, nicht zu den zehn Prozent zu gehören, die zwangsläufig durchfallen mussten. Anstatt auf Gewinn zu setzen, versuchte ich nur, nicht zu verlieren.

Ich weiß noch genau, wie ich eines Tages im Kurs saß, mich umschaute und mir vorstellte, wer wohl zu den zehn Prozent gehören würde. Wenn jemand eine falsche Antwort gab, dachte ich: »Sehr gut! Wieder ein Konkurrent weniger!« Manchmal ertappte ich mich dabei, dass ich meine besten Einfälle in den Arbeitsgruppen für mich behielt. Ich hatte Angst, dass ein anderer meine Idee »klauen« und damit punkten würde. Das Problem war, dass ich Gewinn-Verlust dachte. Ich glaubte, dass ich nur gewinnen könnte, wenn andere verlieren. Zum Glück gibt es eine bessere Lösung – das »Win-Win-Denken«. Und genau darum geht es im 4. Weg.

Win-Win-Denken ist eine Lebenseinstellung. Sie besagt: Ich kann gewinnen und du kannst auch gewinnen. *Wir können beide gleichzeitig gewinnen.* Es ist kein Entweder-oder, sondern ein Sowohl-als-auch. Win-Win-Denken beginnt mit der Überzeugung, dass wir alle gleich sind. Keiner ist besser oder schlechter als der andere.

Jetzt sagst du vielleicht: »Mal langsam, Sean. Die Welt da draußen ist ein Dschungel – jeder gegen jeden. Wie sollen da alle gewinnen?« Ich bin überzeugt, dass das möglich ist. Im Leben geht es nicht darum, zu konkurrieren, andere zu besiegen oder immer zu den Besten zu gehören. In der Wirtschaft, beim Sport und in der Schule mag das vielleicht so sein. Aber auf menschliche Beziehungen trifft das nicht zu. Hier sollte es keine Verlierer geben. Genau deshalb gibt es den 4. Weg – und den wollen wir uns jetzt näher ansehen. Dazu ist es hilfreich, wenn wir erst mal überlegen, was Win-Win-Denken *nicht* ist.

## Gewinn-Verlust – der Totempfahl

»Mama, heute Abend haben wir ein wichtiges Spiel und ich brauche das Auto.«

»Tut mir leid, Leonie, aber ich muss heute Abend noch zum Supermarkt. Der Großeinkauf für die ganze Woche steht an. Bitte doch eine deiner Freundinnen, dich mitzunehmen.«

»Aber Mama! Dauernd muss ich meine Freundinnen fragen. Das ist mir echt peinlich.«

»Hör mal, du beklagst dich seit Tagen, dass wir nichts Vernünftiges mehr zu essen haben! Ich kann die Einkäufe nur heute Abend machen. Tut mir wirklich leid.«

»Das tut dir gar nicht leid. Sonst würdest du mir das Auto geben. Du bist so ungerecht. Wie meine Freundinnen über mich denken, ist dir völlig egal.«

»Na, okay, dann nimm das Auto. Aber beschwer dich nicht, wenn es morgen nichts zu essen gibt.«

Leonie gewinnt und ihre Mutter verliert. Das ist ein typisches Beispiel für Gewinn-Verlust. Aber hat Leonie wirklich gewonnen? Vordergründig und dieses eine Mal vielleicht. Aber wie fühlt sich das für ihre Mutter an? Beim nächsten Mal wird sie wahrscheinlich alles daransetzen, zu gewinnen. Langfristig zahlt sich Gewinn-Verlust-Denken nicht aus.

Gewinn-Verlust ist eine Lebenseinstellung, die besagt: Der Erfolgskuchen hat nicht allzu viele Stücke. Und je größer das Stück ist, das *du* abbekommst, desto weniger bleibt für *mich* übrig. Gewinn-Verlust steht für Konkurrenzdenken. Ich nenne es auch das Totempfahl-Syndrom. Das Motto lautet: »Es ist mir egal, wie gut ich bin. Wichtig ist nur, dass ich am Totempfahl eine Kerbe höher stehe als du.« Beziehungen, Freundschaften und Loyalität spielen keine Rolle. Hauptsache, ich gewinne und die Welt tanzt nach meiner Pfeife!

Nimm es dir selbst nicht krumm, wenn du dich dabei ertappst, dass du Gewinn-Verlust denkst. Wir werden von früher Kindheit an dazu erzogen. Wie ich das genau meine? Sehen wir uns doch mal an, wie Jack, ein ganz gewöhnlicher Junge, aufwächst: Jack macht seine erste Konkurrenzerfahrung als Drittklässler. Beim jährlichen Schulsportfest muss er feststellen, dass nur die ersten drei ein Siegerbändchen bekommen. Jack gewinnt bei keinem Wettkampf. Dennoch freut er sich, als er zum Schluss ein Bändchen für seine Teilnahme bekommt. Doch dann sagt sein bester Freund: »Diese Bändchen sind nichts wert. Was willst du denn damit? Die bekommt doch jeder!«

Als Jack nach der 4. Klasse die Schule wechselt, können sich seine Eltern keine angesagten Jeans und Sneakers leisten. Er muss auf Markenklamotten verzichten. Doch die tragen alle seine Freunde. Deshalb hat Jack das Gefühl, nicht wirklich dazuzugehören.

In der High School fängt Jack mit dem Geigespielen an und macht im Schulorchester mit. Doch er darf nicht die erste Geige spielen. Das tut ein anderer. Aber immerhin darf er die zweite Geige spielen und muss nicht mit der dritten vorliebnehmen.

Und die Geschichte geht immer so weiter ...

Es ist kein Wunder, dass Jack das Leben nur noch als Wettbewerb sieht, in dem es einzig und allein darum geht, andere zu besiegen. Zum Glück können wir etwas dagegen tun. Wir haben die Stärke, pro-aktiv zu sein und das Gewinn-Verlust-Denken hinter uns zu lassen.

Gewinn-Verlust hat viele Gesichter. Hier ein paar Beispiele:

- Du versuchst, beim Einsteigen in den Zug ohne Rücksicht auf andere Fahrgäste einen der wenigen freien Plätze zu ergattern.
- Du sprichst abfällig über andere oder verbreitest fiese Gerüchte über sie.
- Du versuchst, deinen Willen durchzusetzen, ohne auf andere Rücksicht zu nehmen.
- Du bist neidisch auf die Erfolge anderer.

Auf lange Sicht zahlt sich das Gewinn-Verlust-Denken nicht aus. Was hast du davon, wenn du es bis an die Spitze des Totempfahls schaffst? Was bringt es dir, wenn du ganz oben stehst, aber völlig allein und ohne Freunde bist?

## Verlust-Gewinn – der Fußabtreter

Ein Mädchen schrieb: »Ich gebe lieber nach oder lass mir die Schuld für irgendwas in die Schuhe schieben, als mich zu streiten.« Geht es dir auch so? Dann sitzt du in der Verlust-Gewinn-Falle!

Auf den ersten Blick sieht Verlust-Gewinn nach Bescheidenheit aus. Doch in Wahrheit ist dieses Modell genauso gefährlich wie Gewinn-Verlust. Deshalb nenne ich es das Fußmatten-Syndrom. Verlust-Gewinn sagt: »Mach mit mir, was du magst. Tritt dir ruhig die Füße an mir ab!«

Wer Verlust-Gewinn denkt, ist immer in der schwächeren Position. Er gibt allein um des lieben Friedens willen nach und lässt andere auf sich herumtrampeln. Wenn du eine Verlust-Gewinn-Einstellung hast, sind deine Erwartungen an andere ziemlich niedrig. Zudem stellst du deine Meinung und deine Grundsätze in den Hintergrund. Vielleicht möchtest du ja gar nicht die Schule schwänzen, aber die anderen wollen, dass du es tust. Dann gibst du dem Gruppendruck einfach nach. Das Resultat? Verlust-Gewinn: *Du hast verloren und die anderen haben gewonnen!*

Solange du mit einer Verlust-Gewinn-Einstellung durchs Leben gehst, werden andere ihre schmutzigen Füße an dir abtreten. Außerdem versteckst du deine wahren Gefühle tief in deinem Inneren – und das ist nicht gesund.

Natürlich ist es gut, in manchen Situationen auch mal nachzugeben. Verlust-Gewinn ist immer dann eine passable Lösung, wenn dir eine Sache nicht wirklich wichtig ist – beispielsweise, wenn du dir mit deiner Schwester nicht einig bist, welchen Film ihr sehen wollt. Lass die anderen bei solchen Kleinigkeiten ruhig gewinnen. Betrachte es als Einzahlung auf deine Beziehungskonten bei ihnen und freu dich darüber.

Aber was ist mit den Dingen, die dir am Herzen liegen? Hier solltest du kein Fußabtreter sein. Streich nicht einfach kleinlaut die Segel, sondern steh zu deiner Meinung!

## Verlust-Verlust – die Abwärtsspirale

Verlust-Verlust sagt: »Wenn es mir schlechter geht, geht es auch dir schlechter – und das geschieht dir recht!« Krieg ist ein abschreckendes Beispiel für Verlust-Verlust. Rache ist ebenfalls Verlust-Verlust.

Verlust-Verlust ist auch am Werk, wenn wir von dem Gedanken besessen sind, dass ein anderer ja nicht besser sein darf als wir selbst. Oft handelt es sich dabei um Menschen, die uns ganz besonders nahestehen. Das war auch bei Emily so:

*Meine Freundin Mia und ich sind seit der 7. Klasse beste Freundinnen. In der Sekunde, in der wir uns zum ersten Mal gesehen haben, wusste ich: Das ist meine neue allerbeste Freundin. Das Problem war nur: Je älter wir wurden, desto mehr wurde mir bewusst, dass wir grundverschieden wa-*

*ren. Ich war eher still und schüchtern. Mia dagegen war fröhlich, laut und immer der strahlende Mittelpunkt. Allmählich kam ich mir vor wie ihr Anhängsel. Das nahm ich ihr wirklich übel.*

*Ständig erzählte Mia mir, wie toll alles sei – und jedes Mal reagierte ich gereizt und zickig. Eines Tages rastete ich wegen irgendeiner Kleinigkeit aus. Wir stritten heftig, bis Mia sagte: »Warum bist du mit mir befreundet, wenn du mich so hasst?« Ich antwortete, dass ich sie nicht hasse, sondern einfach nur eifersüchtig auf sie sei. In dem Augenblick, als ich das sagte, war mir auch schon klar, wie bescheuert das klang und wie unfair es Mia gegenüber war. Es war schließlich nicht ihre Schuld. Sie war einfach nur sie selbst.*

*Wir hatten eine schwierige Phase, aber Mia hat mir meine Eifersucht verziehen. Inzwischen habe ich das Gefühl, dass ich über das Konkurrenzdenken hinweg bin. Ich weiß jetzt, dass ich Mia nicht schlechtmachen muss, um mich besser zu fühlen. Auch muss ich nicht bei allem mitmachen, was sie tut, nur um ihr zu gefallen. Ich kann einfach sein, wie ich bin.*

Wenn wir nicht aufpassen, können Beziehungen schnell auf die Ebene von Verlust-Verlust abrutschen. Das hast du bestimmt schon mal in deinem Umfeld erlebt. Nehmen wir beispielsweise an, zwei Teenager verlieben sich und werden ein Paar. Zunächst läuft alles prima: Beide führen die Beziehung mit einer echten Gewinn-Gewinn-Einstellung. Doch mit der Zeit »kleben« sie immer mehr aneinander. Besitzansprüche und Eifersucht sind an der Tagesordnung. Die beiden beginnen, sich immer öfter zu streiten und es sich gegenseitig »heimzuzahlen«. So setzen sie eine verhängnisvolle Abwärtsspirale von Verlust-Verlust in Gang.

## Win-Win – das Erfolgsteam

Win-Win ist die Überzeugung, dass alle gleichzeitig gewinnen können. Ich trample nicht auf dir herum, bin allerdings auch nicht dein Fußabtreter. Andere Menschen sind mir wichtig. Ich will, dass es dir gut geht und du Erfolg hast. Aber ich will auch, dass es mir gut geht und ich auch erfolgreich bin.

Win-Win-Denken beruht auf der Überzeugung, dass es Erfolg im Überfluss gibt. Es spielt keine Rolle, wer das größte Stück vom Kuchen abbekommt – es ist genug für alle da! Das hat auch meine Freundin Dawn erlebt:

*In der High School spielte ich im Basketballteam der Mädchen. Ich war ziemlich gut für mein Alter und schaffte es regelmäßig in die Startaufstellung. Auch meine Freundin Pam eroberte sich einen Platz in der Stammmannschaft.*

*Ich beherrschte eine wirklich tolle Wurftechnik, mit der ich so gut wie immer drei Punkte machte. Manchmal schaffte ich in einem Spiel vier oder fünf dieser Würfe und erntete dafür viel Beifall. Pam schien es nicht zu gefallen, dass ich so viel Aufmerksamkeit bekam, denn sie spielte mir den Ball nicht mehr zu. Ich konnte noch so frei stehen – Pam ignorierte mich. Jetzt war sie nicht mehr meine Freundin, sondern meine Feindin.*

*Nach einem furchtbaren Match, in dem Pam mich so gut wie nie angespielt hatte, war ich außer mir vor Wut. Danach sprach ich lange mit meinem Vater. Dabei machte ich meinem Ärger über Pam richtig Luft. Doch mein Vater meinte, dass es am besten sei, wenn ich den Ball immer an Pam abgeben würde. Immer! Das war ja wohl der dümmste Rat, den ich je bekommen hatte. Doch mein Vater war überzeugt, dass es funktionieren würde. Er riet mir, darüber nachzudenken, aber das machte ich nicht. Ich wusste ja, dass es nicht funktionieren würde!*

*Bald kam das nächste Match. Ich war entschlossen, Pam mit ihren eigenen Waffen zu schlagen. Ich überlegte hin und her. Schließlich entwickelte ich eine Strategie, um ihr Spiel zu stören. Als ich zum ersten Mal in Ballbesitz war, hörte ich plötzlich über den Lärm der Menge hinweg meinen Vater. Er brüllte: »Gib ihr den Ball!« Ich zögerte eine Sekunde. Denn ich stand völlig frei. Dennoch gab ich den Ball an Pam ab. Sie war völlig überrascht. Doch dann wirbelte sie herum, warf – und machte zwei Punkte.*

*Als ich wieder zurück in unsere Hälfte des Spielfeldes lief, erfüllte mich ein Gefühl, das ich bisher nicht gekannt hatte: echte Freude über den Erfolg eines anderen. Mir wurde klar, dass wir durch diese neue Spielweise kaum zu schlagen waren. Ich gab den Ball dann die ganze erste Halbzeit an Pam ab. Jedes Mal! Auch in der zweiten Halbzeit machte ich so weiter, warf aber selbst, wenn es sich um einen eingeübten Spielzug handelte oder wenn ich wirklich frei stand. Wir gewannen das Match – und von nun an warf Pam mir den Ball auch immer wieder zu. Unser Zusammenspiel wurde immer besser und unsere Freundschaft immer enger. In diesem Jahr gewannen wir so gut wie alle Spiele. Pam und ich wurden ein gefeiertes Team. Die Lokalzeitung brachte sogar einen Artikel über uns und unsere einmalige Fähigkeit, uns gegenseitig fast blind anzuspielen.*

Die Geschichte von Dawn und Pam zeigt: *Win-Win bringt immer mehr.* Außerdem fühlt es sich für einen selbst gut an, wenn man dazu beiträgt, dass andere Erfolg haben. Und das Beste? Du denkst viel öfter Win-Win, als dir bewusst ist. Hier nur zwei Beispiele:

- Du möchtest essen gehen, dein Freund ins Kino. Ihr beschließt, etwas zu essen und euch danach die Spätvorstellung anzusehen.
- Deine beste Freundin hat einen Studienplatz in einem Fach bekommen, das du auch studieren wolltest. Du hast aber den Numerus clausus nicht geschafft. Obwohl du darüber sehr enttäuscht bist, freust du dich von Herzen für deine Freundin.

## So bekommst du eine Win-Win-Einstellung

Wie kannst du dich mit deiner Freundin freuen, wenn sie den erhofften Studienplatz bekommen hat, du aber nicht? Wie findest du Lösungen für Probleme, bei denen beide Seiten gewinnen? Ich hätte da zwei Tipps für dich:

1. Starte mit deinem persönlichen Erfolg.
2. Geh den fiesen Zwillingen aus dem Weg.

### 1. Starte mit deinem persönlichen Erfolg

Alles beginnt bei dir. Falls du ein geringes Selbstwertgefühl hast und unsicher bist, wirst du Schwierigkeiten mit dem Win-Win-Denken haben. Dann wirst du andere als Konkurrenz und Bedrohung empfinden. Es wird dir schwerfallen, dich über ihre Erfolge zu freuen oder Lob und Anerkennung mit ihnen zu teilen. Unsichere Menschen werden sehr leicht eifersüchtig. Das Gespräch zwischen Dan und seiner Freundin Amy ist ein typisches Beispiel dafür:

*Amy, wer ist denn der Typ, der ständig deine Posts likt?«, fragt Dan.*
*»Wen meinst du denn? Etwa Jon? Das ist ein alter Freund von mir. Wir waren gemeinsam in der Grundschule«, sagt Amy.*
*»Und wieso antwortest du auf alle seine Kommentare?«*
*»Weil er mein Freund ist. Ich kenne ihn schon seit Ewigkeiten.«*
*»Und warum ist er ständig auf allen deinen Profilen?«, motzt Dan.*
*»Dan, bitte, da ist echt nichts. Er hat vielleicht zwei Bilder von mir gelikt.«*
*»Er soll dich in Ruhe lassen.«*
*»Dan, du weißt doch: Du bist der, mit dem ich zusammen sein will. Meine Jungs-Freunde sind nichts weiter als das – Freunde.«*

Solange Dan unsicher und emotional von seiner Freundin abhängig ist, wird er Schwierigkeiten haben, souverän mit solchen Situationen umzugehen. Deshalb ist es wichtig, dass Dan bei sich selbst anfängt und zuerst an seinem persönlichen Erfolg arbeitet. Wenn er Einzahlungen

auf sein Selbstwertkonto macht und die Verantwortung für sein Leben übernimmt, werden sein Selbstvertrauen und seine Selbstsicherheit immer größer. Dann wird er andere Menschen als Bereicherung sehen und nicht als Bedrohung.

## 2. Geh den fiesen Zwillingen aus dem Weg

Es gibt zwei Gewohnheiten, die dich innerlich langsam auffressen. Sie sind Zwillinge und heißen *Konkurrieren* und *Vergleichen*. Wenn sie ihr Unwesen treiben, ist Win-Win-Denken praktisch unmöglich.

### Konkurrieren

An sich ist Konkurrenz nichts Schlechtes. Wettbewerb motiviert uns, das Beste aus uns herauszuholen. Ohne Wettbewerb würden wir nie erfahren, was alles in uns steckt. Doch das Konkurrenzdenken hat auch Schattenseiten.

Vielleicht kennst du ja den Film *Krieg der Sterne* aus der Star-Wars-Saga? Luke Skywalker erfährt von einem positiven Energieschild, der allen Dingen Leben einhauchen kann. Später begegnet Luke dem bösen Darth Vader. Dabei lernt der die »dunkle Seite« dieses Schildes kennen. Ähnlich ist es mit dem Wettbewerb. Er hat eine Sonnen- und eine Schattenseite. Beide Seiten sind sehr stark.

Doch wo liegt der Unterschied? Wettbewerb ist gut, wenn du dich dabei selbst überwindest und dein Bestes gibst. Er zeigt jedoch seine dunkle Seite, sobald du deinen Selbstwert davon abhängig machst, dass du gewinnst und andere in die Knie zwingst.

Nie werde ich den Streit mit meinem jüngeren Bruder vergessen, nachdem sein Team meine Mannschaft im Beachvolleyball geschlagen hatte:

*Ich kann einfach nicht glauben, dass ihr gewonnen habt«, sagte ich und schüttelte fassungslos den Kopf.*

*»Was ist daran so unglaublich?«, erwiderte er. »Denkst du etwa, dass du der bessere Sportler von uns beiden bist?«*

*»Das glaube ich nicht nur, das weiß ich! Sei mir nicht böse. Aber dafür gibt's genug Beweise. Ich bin im Sport viel weitergekommen als du!«*

*»Das kommt darauf an, wie man ›Sport‹ definiert. In Wahrheit bin ich der bessere Sportler, denn ich springe höher und laufe schneller als du.«*

*»Du bist nicht schneller als ich. Und wen interessiert hier Springen? Ich schlage dich locker in jeder Sportart.«*

*»Ach ja …?«*

Als wir uns wieder beruhigt hatten, kamen wir uns beide ziemlich doof vor. Wettbewerb und Konkurrenz sollten wir immer nur als Maßstab sehen, an dem wir uns selbst messen. Wir sollten aufhören, um Freunde, Ansehen, Erfolg oder Beliebtheit zu konkurrieren. Lasst uns stattdessen lieber das Leben genießen!

### Vergleichen

Der Vergleich mit anderen ist der Zwilling des Konkurrierens. Und er ist mindestens genauso gefährlich. Manche von uns sind wie Pappeln, die in die Höhe schießen, sobald sie gepflanzt worden sind. Andere gleichen eher dem Bambus, bei dem vier Jahre lang überhaupt kein Wachstum zu erkennen ist, bis er dann im fünften Jahr urplötzlich auf eine Höhe von über 25 Metern schnellt. Das eigene Leben darauf aufzubauen, wie du im Vergleich zu anderen dastehst, ist keine gute Idee. Stell dir vor, dass du deine Selbstsicherheit daraus beziehst, dass deine Noten besser sind als die der anderen oder dass du die beliebteren Freunde hast. Was passiert, wenn dir jemand über den Weg läuft, der noch bessere Noten oder noch beliebtere Freunde hat?

Wir alle haben gute und schlechte Momente, fühlen uns im einen Augenblick unterlegen und im anderen überlegen, im einen zuversichtlich und im anderen eingeschüchtert. Der einzig gute Vergleich ist der mit unseren eigenen Möglichkeiten. Deshalb: Hör bitte auf, dich mit anderen zu vergleichen!

Sich mit anderen zu vergleichen, kann zu einer ebenso ungesunden Sucht werden wie Drogen, Rauchen oder Alkohol. Du musst nicht so toll aussehen wie ein Model oder so cool sein wie ein Hip-Hopper, um gut genug zu sein. Wichtig ist, dass du weißt, worauf es wirklich ankommt. Mach dir auch nicht zu viele Gedanken über deine Beliebtheit während deiner Zeit als Teenager. Denn der Großteil deines Lebens spielt sich ohnehin erst später ab.

## Win-Win-Denken lohnt sich

Man sollte nie unterschätzen, was alles möglich ist, wenn jemand eine Win-Win-Einstellung hat. Lies einfach mal, was Andy erlebt hat:

*Zuerst konnte ich nicht viel mit Win-Win anfangen. Trotzdem habe ich es in meinen Jobs neben der Schule ausprobiert. Ich mache das jetzt seit zwei Jahren, und es ist einfach unglaublich, was damit alles möglich ist.*

*Inzwischen habe ich gelernt, mich aktiv einzubringen. Ich überlege immer wieder: »Wie könnte mir der Job mehr Spaß bringen? Was kann ich tun, damit mein Arbeitgeber und ich etwas davon haben?« Jeden Monat setze ich mich mit meiner Vorgesetzten zusammen. Dann erzähle ich ihr von all den Kleinigkeiten, die liegen bleiben, die ich aber gerne erledigen würde. Beim letzten Mal sagte sie: »Es ist toll, wie du dich für unsere Firma einsetzt!« Und dann hat sie von sich aus meinen Stundenlohn erhöht.*

### Win-Win oder gar kein Geschäft!

Das Win-Win-Denken kannst du auf fast jede Situation anwenden – von der Lösung ernster Konflikte mit deinen Eltern bis zur Entscheidung, wer den Hund Gassi führt. Dennoch wird es nicht immer eine Win-Win-Lösung geben. Manchmal hast du es auch mit jemandem zu tun, der so sehr auf seinem Gewinn-Verlust-Denken beharrt, dass du gegen eine Mauer rennst. Was dann? In solchen Situationen solltest du nicht selbst auf Gewinn-Verlust-Denken umschalten oder eine Ver-

lust-Gewinn-Haltung annehmen und die anderen auf dir herumtrampeln lassen. Hier gibt es eine viel bessere Haltung. Sie lautet: *»Win-Win oder gar kein Geschäft!«* Was das genau bedeutet? Falls keine Lösung machbar ist, die für beide Seiten ein Gewinn ist, solltest du dich zurückziehen. Hier ist ein Beispiel: Schaffst du es nicht, mit deinem Freund oder deiner Freundin eine Gewinn-Gewinn-Beziehung aufzubauen? Dann solltet ihr die Beziehung auflösen und getrennte Wege gehen. Das ist in jedem Fall besser als Gewinn-Verlust, Verlust-Gewinn oder – noch schlimmer – Verlust-Verlust.

## Win-Win fühlt sich einfach gut an

Ein Beispiel dafür, wie gut Win-Win funktioniert, ist die Geschichte von Bryan:

*Letztes Jahr wollten mein Freund Steve und ich in den Sommerferien etwas Geld verdienen. Wir beschlossen, es mit Fensterputzen und Rasenmähen zu versuchen. Dazu gründeten wir eine eigene Firma. Auch den passenden Namen hatten wir schnell gefunden: »Green and Clean!«*

*Steves Eltern hatten einen Freund, der uns zum Fensterputzen engagierte. Bald wurden wir weiterempfohlen und bekamen einige neue Aufträge. Auf dem Computer meines Vaters entwarfen wir ein Formular, das wir »Win-Win-Vereinbarung« nannten. Wenn wir zu einem Kunden fahren, messen wir erst mal die Fenster aus und erstellen dann einen Kostenvoranschlag. Wir vereinbaren mit unseren Kunden, dass sie zu einem festen Preis saubere Fenster bekommen. Natürlich wird diese Vereinbarung auch von beiden Seiten unterschrieben.*

*Wir wissen, dass wir keine neuen Aufträge bekommen, wenn wir keine gute Arbeit leisten. Deshalb zeigen wir unseren Kunden die Fenster, nachdem wir sie geputzt haben. Unsere Kunden sollen sehen, dass wir zuverlässig sind und gute Arbeit leisten. Solange unsere Kunden zufrieden sind und saubere Fenster bekommen, gewinnen sie. Und wir gewinnen auch. Denn so können wir Geld verdienen, obwohl wir erst 15 sind.*

Das Überraschendste an Win-Win ist, wie gut es sich anfühlt. Gewinn-Verlust, Verlust-Gewinn oder Verlust-Verlust werden negative Gefühle in dir auslösen. Sobald du jedoch eine Win-Win-Einstellung hast, fühlst du dich glücklich und in Geberlaune. Du bist mit dir selbst im Reinen.

## Kleine Schritte

1. Überleg dir: In welchem Bereich bist du am meisten in Gefahr, dich mit anderen zu vergleichen – Klamotten, Aussehen, Freunde, Geld, Talent ...?

   Wo ich mich am meisten mit anderen vergleiche:

   ________________________________________

   ________________________________________

   ________________________________________

2. Spiele mit anderen ein Spiel. Achte nicht darauf, ob du gewinnst oder verlierst. Spiel einfach nur, um Spaß zu haben.

3. Steht bei dir eine wichtige Klassenarbeit an? Dann gründe eine Lerngruppe mit deinen Mitschülern. Helft euch gegenseitig. Am Ende werdet ihr alle besser abschneiden.

4. Bist du in einer festen Beziehung? Fühlt sich das für dich wie Verlust-Gewinn an? Wenn ja, überleg dir, was passieren muss, damit Win-Win daraus wird. Wenn das nicht möglich ist, zieh die Notbremse und beende diese ungute Beziehung.

# Der 5. Weg: Erst verstehen, dann verstanden werden

Warum hast du
zwei Ohren und
nur einen Mund?

**Bevor** ich in die Schuhe eines anderen schlüpfen kann, muss ich zuerst meine eigenen ausziehen.

Unbekannt

Angenommen, du möchtest ein neues Smartphone kaufen. Der Verkäufer fragt: »Was für ein Modell soll es denn sein?«

»Na ja, ich suche nach etwas nicht allzu Teurem …«

»Ich weiß, was du willst«, unterbricht dich der Verkäufer. »Alle wollen dieses neue Smartphone hier, glaub mir …«

Er holt das coolste Smartphone hervor, das du je gesehen hast.

»Schau dir nur mal dieses Mega-Teil an«, sagt er.

»Ja, das sieht echt gut aus. Aber das kann ich mir nicht leisten.«

»Es ist im Moment *das* Smartphone. Du solltest es dir sichern, bevor es komplett ausverkauft ist.«

»Ich hab leider nicht genügend Geld dafür.«

»Hör zu, ich verkaufe seit zehn Jahren Handys und Smartphones und das hier ist jeden einzelnen Cent wert.«

Wirst du nach dieser Erfahrung noch mal in diesen Laden gehen? Wahrscheinlich nicht. Du kannst niemandem vertrauen, der dir mit Lösungen kommt, bevor er begriffen hat, was du brauchst. Aber ist dir bewusst, dass wir in Gesprächen regelmäßig genau das tun?

*Hallo, Melissa. Du wirkst irgendwie bedrückt. Was ist denn los?«*

*»Ach, das verstehst du nicht, Lilly. Du hältst mich bestimmt für verrückt.«*

*»Nein, bestimmt nicht. Erzähl mir, was ist los? Ich bin ganz Ohr!«*

*»Also gut. Weißt du … mit Tim und mir ist das irgendwie nicht so wie früher.«*

*»Ich hab dir ja gesagt, du solltest die Finger von ihm lassen. Ich wusste, dass das passieren wird.«*

*»Tim ist nicht das Problem.«*

*»Hör zu, Melissa. Ich an deiner Stelle würde ihn vergessen und mir jemand anderen suchen.«*

*»Aber Lilly, das ist doch gar nicht das, was ich dir sagen wollte.«*
*»Glaub mir, ich weiß genau, wie du dich fühlst. Ich habe letztes Jahr mit Leo dasselbe durchgemacht.«*
*»Ach, vergiss es, Lilly.«*
*»Melissa, ich will dir doch nur helfen. Ich will dich wirklich verstehen. Also erzähl weiter. Was wolltest du mir sagen?«*

Wir sind immer schnell dabei, anderen Lösungen vorzuschlagen, noch bevor wir das Problem verstanden haben. Woran das liegt? *Wir hören nicht zu.* Echte Kommunikation aber lässt sich in einer einfachen Formel zusammenfassen: *Erst verstehen, dann verstanden werden.* Mit anderen Worten: Hör zuerst zu und rede danach. Das ist der 5. Weg – und auch er funktioniert. Folge diesem Weg. Lerne den Standpunkt des anderen kennen, bevor du ihm deine eigene Sicht der Dinge mitteilst. Dann wird sich dir eine völlig neue Welt des Verstehens eröffnen.

## Jeder will verstanden werden

Weshalb ist der 5. Weg der Schlüssel zu echter Kommunikation? Weil jeder Mensch das tiefe innere Bedürfnis hat, verstanden zu werden. Wir alle wollen als das gesehen und geschätzt werden, was wir sind – einzigartige Individuen, die es in dieser Form nur einmal auf der Welt gibt. Niemand gibt seine Gefühle preis, solange er sich nicht geliebt und verstanden fühlt.

Hast du schon mal den Spruch gehört: »Mir ist nicht wichtig, was du weißt, solange ich nicht weiß, wie wichtig ich dir bin«? Da ist was dran. Erinnere dich doch mal an eine Situation, wo der andere sich nicht die Zeit nahm, dich zu verstehen. Warst du in diesem Augenblick bereit, dich auf das einzulassen, was diese andere Person dir sagen wollte?

Als ich auf dem College war, bekam ich beim Football-Spielen immer wieder starke Schmerzen im Bizeps. Es war eine komplizierte Sache. Nichts half – weder Eis noch Wärme, weder Massagen noch entzündungshemmende Tabletten.

Ich ging zu einem unserer Trainer und fragte ihn um Rat. Doch er hörte mir nicht zu, sondern meinte gleich: »Ach, das kenne ich!« Dann sagte er mir, was ich alles gegen die Schmerzen machen sollte. Ich wollte ihm die Sache genauer erklären. Aber er war überzeugt, dass er mein Problem schon kannte. Am liebsten hätte ich geschrien: »Halt! Hören Sie mir doch erst mal zu. Sie haben das Problem noch nicht verstanden.«

Er hörte mir nicht zu und bemühte sich auch nicht, mich zu verstehen. Deshalb verlor ich das Vertrauen in seine Ratschläge und ging nie mehr zu ihm, wenn ich eine Verletzung hatte. Mir war sein Wissen egal, denn er hatte mir gezeigt, dass ich ihm egal war.

## Warum hört denn keiner zu?!

Wenn du jemanden verstehen willst, musst du ihm erst einmal zuhören. Klingt logisch, aber die Frage ist, ob du weißt, *wie* man wirklich zuhört. Stell dir folgende Situation vor: Du versuchst, dich zu entscheiden, welche Fächer du nächstes Jahr wählen möchtest. Du schaust also in der Liste nach, was angeboten wird:

*Hmm … Mal sehen … Geometrie, kreatives Schreiben, freies Sprechen, Literatur, Zuhören … Stopp: Zuhören? Ein Kurs in Zuhören? Was soll das denn sein?«*

Damit hättest du jetzt nicht gerechnet. Aber so abwegig ist das gar nicht. Neben Lesen, Schreiben und Sprechen gehört Zuhören zu den vier wichtigsten Grundelementen der Kommunikation. Überleg mal: Seit du auf der Welt bist, hast du gelernt, besser zu lesen, zu schreiben und zu sprechen. Aber wann hast du Unterricht im besseren Zuhören bekommen?

Wenn jemand etwas sagt, hören wir nur selten wirklich zu. Meistens sind wir zu sehr damit beschäftigt, uns eine Antwort zu überlegen. Oder wir gleichen das Gehörte mit unseren eigenen Vorstellungen ab und beurteilen es. Oft tappen wir in eine der fünf Zuhör-Fallen:

## Die fünf Zuhör-Fallen

1. Abschalten und an was anderes denken
2. So tun, als ob man zuhört
3. Nur das hören, was man hören will
4. Ausschließlich auf die Worte hören
5. Alles aus der Ich-Perspektive hören

### 1. Abschalten und an was anderes denken

Was passiert, wenn du beim Zuhören abschaltest und einfach an was anderes denkst? Dann hast du keine Chance, zu verstehen, was der andere dir wirklich sagen will. Selbst wenn es etwas Wichtiges ist, wirst du es nicht mitbekommen.

### 2. So tun, als ob man zuhört

Wenn wir so tun, als ob wir zuhören, erfüllen wir nur äußerlich unsere Rolle als Zuhörer. Wir täuschen Aufmerksamkeit vor, indem wir hin und wieder verständnisvolle Kommentare abgeben – beispielsweise »Ja«, »Aha«, »Hmm, hmm ...«, »Toll« oder »Klingt wunderbar«. Doch die meisten erkennen schnell, dass wir gar nicht bei der Sache sind. Dadurch vermitteln wir ihnen das Gefühl, dass wir sie nicht wirklich beachten und auch nicht wichtig nehmen.

### 3. Nur das hören, was man hören will

Oft picken wir uns aus den Worten des anderen nur das heraus, was wir hören wollen. In diesem Fall spricht man auch vom »selektiven Zuhören«. Wenn wir das tun, hat der andere keine Chance, uns klarzumachen, was er uns tatsächlich sagen will. Angenommen, dein Freund will dir erzählen, wie sehr er darunter leidet, dass er immer im Schatten seines Überflieger-Bruders steht, der gerade bei der Bundeswehr ist. Du hörst aber nur das Wort »Bundeswehr« und sagst: »Ach, Bundeswehr. Das ist ja spannend. Was macht dein Bruder denn da genau?« Du sprichst also nur über das, was dich interessiert. Was dem anderen wichtig ist, ignorierst du. Doch so stößt du den anderen vor den Kopf und wirst nur schwer langfristige Freundschaften aufbauen können.

### 4. Ausschließlich auf die Worte hören

Oft hören wir ausschließlich auf die Worte, achten aber nicht auf die Körpersprache, die Gefühle und die Bedeutung hinter dem Gesagten. Dadurch verpassen wir das Wesentliche. Deine Freundin Kim könnte sagen: »Wie findest du Ronny?« Du antwortest vielleicht: »Ich finde ihn echt cool.« Aber wärst du aufmerksamer gewesen und hättest du auch auf die Körpersprache und den Klang der Stimme geachtet, hättest du verstanden, dass die eigentliche Frage lautete: »Glaubst du, dass ich Ronny gefalle?« Solange du nur auf die Worte hörst, bleiben dir die wahren Gefühle der anderen verborgen.

## 5. Alles aus der Ich-Perspektive hören

Oft betrachten wir die Welt nur aus dem eigenen Blickwinkel, sodass wir alles aus der Ich-Perspektive hören. Dann sagen wir Dinge wie: »Oh, ich weiß, wie du dich fühlst!« Natürlich wissen wir nicht, wie der andere sich fühlt. Aber wir wissen, wie wir uns fühlen – und das übertragen wir einfach auf ihn. Zuhören aus der Ich-Perspektive ist häufig auch ein Versuch, den anderen zu übertrumpfen, als ob Gespräche Wettkämpfe wären: »Du denkst, *dein* Tag war schlecht? Dann hör nur mal, was *mir* passiert ist.« Wenn wir ausschließlich aus der Ich-Perspektive zuhören, neigen wir dazu, andere zu *beurteilen*, ihnen *Ratschläge* zu erteilen oder sie *auszufragen*. Diese drei Punkte sehen wir uns jetzt mal genauer an:

### Andere beurteilen

Oft fällen wir während eines Gesprächs Urteile über andere und das, was sie sagen. Aber die anderen wollen nicht, dass man über sie urteilt, sondern dass man ihnen zuhört und sie versteht.

### Anderen Ratschläge erteilen

Immer wieder geben wir anderen Ratschläge, die wir aus unseren eigenen Erfahrungen ableiten. Das ist eine spezielle Form des Sich-um-sich-selbst-Drehens. Oft sind das die berühmten »Als-ich-in-deinem-Alter-war«-Sprüche unserer Eltern. Hier ein Beispiel:

*Tina braucht jemanden, bei dem sie sich aussprechen kann. Sie sagt zu ihrem Bruder: »Ich hasse unsere neue Schule.« Anstatt seiner Schwester verständnisvoll zuzuhören, denkt der Bruder sofort an sich selbst und sagt: »Dann solltest du einfach ein paar Leute kennenlernen, Sport machen und in die Klubs gehen, so wie ich es gemacht habe.«*

Die kleine Schwester wollte aber keine gut gemeinten Ratschläge. Sie wollte, dass ihr Bruder ihr einfach nur zuhört. Wenn sie sich von ihm verstanden gefühlt hätte, wäre sie auch offen für seine Tipps gewesen.

### Andere ausfragen

Oft fragen wir andere aus, um mehr zu erfahren, als sie uns eigentlich sagen wollen. Sicher hat man auch schon versucht, dich so richtig auszuquetschen. Viele Eltern machen das mit ihren Kindern. Vielleicht kommt dir das folgende Beispiel ja bekannt vor: Paulas Mutter möchte herausfinden, wie es im Leben ihrer Tochter gerade so läuft. Sicher hat sie die besten Absichten. Aber Paula will ihrer Mutter momentan nichts erzählen. Daher blockt sie ab:

*»Na, Paula. Wie war's denn heute in der Schule?«*
*»Gut.«*
*»Wie lief die Klassenarbeit?«*
*»War okay.«*
*»Wie geht es deinen Freundinnen?«*
*»Gut.«*
*»Hast du heute Abend was vor?«*
*»Kann sein.«*
*»Hast du in letzter Zeit neue Freunde gefunden?«*
*»Mama, lass mich bitte in Ruhe.«*

Niemand mag es, wenn er ausgefragt wird. Daran solltest du denken, wenn du wieder mal jede Menge Fragen stellst, damit aber nicht weit kommst. Manchmal ist der andere einfach noch nicht bereit, sich zu öffnen. Also, führ keine Verhöre, sondern sei ein guter Zuhörer, der immer ein offenes Ohr für andere hat.

## Zuhören, aber richtig!

Richtiges Zuhören kann man lernen. Das ist gar nicht so schwer, wenn du drei Dinge beachtest:

### 1. Hör mit den Augen, dem Herzen und den Ohren zu

Es reicht nicht, wenn du nur mit den Ohren zuhörst. In unseren Worten stecken nur sieben Prozent der Botschaft, die wir vermitteln wollen. Den Rest drücken wir über unsere Körpersprache (53 Prozent), unseren Tonfall und unsere Gefühle, die im Klang unserer Stimme mitschwingen, aus (40 Prozent). Das heißt: Wenn du den anderen wirklich verstehen willst, solltest du auch auf das hören, was er *nicht* sagt.

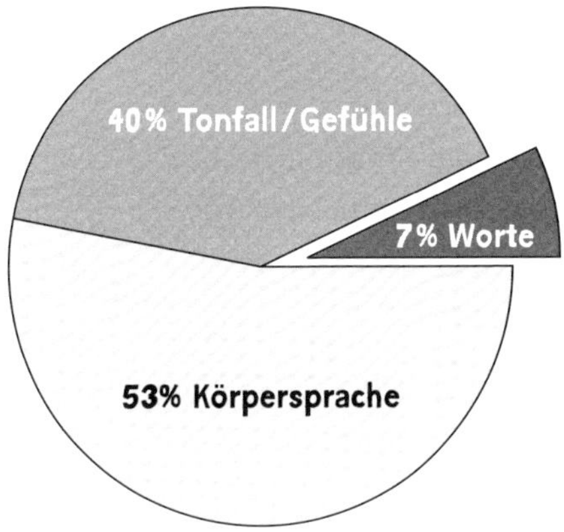


Die meisten Teenager kommunizieren hauptsächlich über Messenger und andere Online-Dienste. Doch wenn es um wichtige oder emotional aufgeladene Themen geht, ist das persönliche Gespräch die bessere Wahl. Nur so besteht die Chance, dass jeder das, was der andere ihm sagen will, tatsächlich richtig versteht.

## 2. Versetz dich in den anderen hinein

Zum richtigen Zuhören gehört, dass du aus deinen eigenen Schuhen heraustrittst und in die des anderen schlüpfst. Du musst versuchen, die Welt so zu sehen, wie er sie sieht, und dich so zu fühlen, wie er sich fühlt. Nehmen wir an, dass jeder Mensch eine getönte Brille trägt. Doch die Färbungen der Brillengläser sind alle unterschiedlich. Jetzt stehen wir am Ufer eines Flusses. Meine Brille ist grün, deine rot.

Ich sage: »Schau doch mal, wie grün das Wasser ist!«

Du antwortest: »Grün? Du spinnst wohl! Das Wasser ist doch rot!«

»Wie bitte? Bist du farbenblind? Es ist grün, grüner geht's gar nicht!«

»Es ist rot, du Trottel!«

»Grün!«

»Rot!«

Viele Menschen betrachten Gespräche als Wettkampf: Mein Standpunkt steht gegen deinen. Wir können nicht beide recht haben. Aber das stimmt nicht! Schließlich sehen wir die Sache ja aus zwei völlig unterschiedlichen Blickwinkeln. Wir können also beide recht haben. Tina, eine Freundin meiner kleinen Schwester, hat uns eine erstaunliche Geschichte erzählt, die zeigt, was alles möglich ist, wenn man sich in andere hineinversetzt:

*Das Schlimmste an der Schule waren die Busfahrten. Die meisten meiner Freunde hatten ein Auto. Aber meine Eltern konnten sich kein eigenes Auto für mich leisten. Deswegen musste ich entweder mit dem Bus fahren oder jemanden finden, der mich mitnahm.*

*Manchmal rief ich nach der Schule meine Mutter an und bat sie, mich abzuholen. Doch dann musste ich meistens sehr lange auf sie warten. Ich weiß noch, wie ich sie anschnauzte: »Warum brauchst du immer so lange? Ist es dir egal, dass ich hier ewig herumstehe?« Mir war es egal, wie es ihr ging und was sie alles auf dem Zettel hatte. Ich dachte nur an mich.*

*Eines Tages bekam ich zufällig mit, wie meine Mutter mit meinem Vater über die Sache mit dem Auto sprach. Sie weinte und sagte, ihr größter Wunsch sei es, dass sie sich ein Auto für mich leisten könnten. Um das Geld dafür zusammenzubekommen, wollte sie noch mehr arbeiten und Überstunden machen.*

*Plötzlich sah ich meine Mutter mit ganz anderen Augen – als Mensch mit Gefühlen, Ängsten, Hoffnungen, Zweifeln und sehr viel Liebe für mich. Ich schwor mir, sie nie wieder schlecht zu behandeln. Außerdem begann ich, mehr mit ihr zu reden. Wir überlegten gemeinsam, wie ich mir einen Job suchen und selbst Geld für ein Auto verdienen könnte. Sie bot mir an, mich zur Arbeit zu fahren und danach auch wieder abzuholen.*

*Warum habe ich meiner Mutter bloß nicht schon früher richtig zugehört?*

### 3. Sei wie ein Spiegel

Ein Spiegel beurteilt andere nicht und er gibt auch keine Ratschläge. Er spiegelt einfach. Das kannst du auch: *Wiederhole das, was dein Gegenüber sagt und fühlt, noch einmal mit deinen eigenen Worten.* Aber Achtung: Das heißt nicht, dass du alles, was der andere sagt, einfach nachplapperst wie ein Papagei. »Spiegeln« bedeutet, dass du dem anderen zu verstehen gibst, was wirklich bei dir »angekommen« ist. Folgende Punkte unterscheiden einen Papagei von einem Spiegel:

| Der Papagei … | Der Spiegel … |
|---|---|
| *wiederholt wortwörtlich, was der andere gesagt hat,* | *gibt das wieder, was er verstanden hat,* |
| *verwendet exakt dieselben Wörter,* | *sagt es mit seinen eigenen Worten,* |
| *ist gleichgültig und zeigt keine Gefühle.* | *ist mit Herz und Gefühl bei der Sache.* |

### So funktioniert das Spiegeln

Das folgende Gespräch zeigt, wie Spiegeln funktioniert. Dein Vater sagt zu dir: »Nein, Tom, heute Abend kannst du das Auto nicht haben. Das ist mein letztes Wort!«

Jetzt könntest du protestieren und sagen: »Nie gibst du mir das Auto. Ich muss mich immer von anderen mitnehmen lassen. Das ist einfach ätzend!« Solche Antworten führen meist zu einer lautstarken Auseinandersetzung, die niemandem etwas bringt. Besser ist es, wenn du es mit Spiegeln versuchst und *mit eigenen Worten wiederholst, was dein Vater gesagt hat*:

»Papa, ich glaube, es ärgert dich, dass ich das Auto heute möchte.«

»Und ob! Deine Noten sind in letzter Zeit so mies, dass du das Auto einfach nicht verdienst.«

»Du machst dir Sorgen wegen meiner Noten?«

»Allerdings. Du weißt doch, wie sehr ich mir wünsche, dass du auf die Uni gehst.«

»Die Uni ist dir wirklich wichtig.«

»Ja. Ich selbst hatte nie die Chance, zu studieren. Deshalb habe ich später auch nie besonders gut verdient. Natürlich ist Geld nicht alles, aber ich wünsche mir ein besseres Leben für dich!«

»Verstehe.«

»Du bist ziemlich intelligent, und es macht mich echt traurig, dass du die Schule nicht ernst nimmst. Du kannst das Auto haben, wenn du mir versprichst, dass du später noch deine Hausaufgaben machst. Mehr will ich gar nicht. Tom, versprichst du mir das?«

Hast du gemerkt, was hier passiert ist? Durch das Spiegeln konnte Tom das wahre Problem aufdecken. Im Grunde ging es seinem Vater gar nicht ums Auto. Der springende Punkt war, dass Tom zu wenig für die Schule gemacht hat. Als der Vater merkte, dass Tom seine Bedenken wegen der Schule ernst nahm, lenkte er ein. Am Ende gab es eine Lösung, die für beide ein Gewinn war: Tom bekam das Auto, im Gegenzug musste er seine Hausaufgaben machen.

## Formulierungen, die dir weiterhelfen

» *Hör zu oder deine Zunge wird dich taub machen.* «
Indianisches Sprichwort

Wenn du spiegelst, ohne den anderen tatsächlich verstehen zu wollen, wird er dich schnell durchschauen. Und dann hat er das Gefühl, dass du ihn manipulieren willst. Denk immer daran: Das Ziel beim Spiegeln ist, *mit eigenen Worten zu wiederholen, was der andere sagt und empfindet.* Hier sind ein paar Formulierungen, die dir dabei helfen:

- *»Wenn ich dich richtig verstehe, hast du dich … gefühlt.«*
- *»Wie ich es sehe, hast du also …«*
- *»Ich merke, dass du dich … fühlst.«*
- *»Du hast das Gefühl, dass …«*
- *»Du sagst also, dass …«*

**Bitte beachten!**

Richtiges Zuhören ist vor allem dann gefragt, wenn es um wichtige oder schwierige Themen geht. Solche Gespräche brauchen Zeit und lassen sich nicht zwischen Tür und Angel führen. Bei ganz alltäglichen Dingen ist diese Form des Zuhörens jedoch nicht zielführend. Hier ein Beispiel:

- *»Kannst du mir bitte sagen, wo hier die Toiletten sind? Es ist wirklich dringend!«*
- *»Wenn ich dich richtig verstanden habe, hast du Angst, die Toiletten nicht rechtzeitig zu finden?«*

## Praktische Tipps für richtiges Zuhören

Sehen wir uns das Gespräch zwischen Tina und ihrem älteren Bruder noch mal aus einem anderen Blickwinkel an.

Tina sagt: »Ich hasse unsere neue Schule.«

Der Bruder könnte jetzt eine der folgenden Antworten geben:

- *»Kannst du mir mal die Chips rüberschieben?«*
  Er schaltet ab und denkt an was anderes.
- *»Oh ja, das klingt echt interessant.«*
  Er tut nur so, als ob er zuhören würde.
- *»Apropos Schule: Mein Klassenkamerad Julian …«*
  Er hört nur, was er hören will.
- *»Du solltest sehen, dass du neue Freunde kennenlernst.«*
  Er erteilt Ratschläge.
- *»Du tust nicht genug. Du musst dich einfach mehr anstrengen.«*
  Er beurteilt.
- *»Und wie sieht es mit deinen Noten aus?«*
  Er fragt seine Schwester aus.

Wenn der große Bruder seine Schwester wirklich verstehen will, wird er es mit richtigem Zuhören und Spiegeln versuchen:

- Er: *»Du hast das Gefühl, dass die Schule gerade echt schlimm für dich ist.«* (Spiegeln)
  Sie: *»Ja, es ist wirklich schrecklich. Ich habe überhaupt keine Freundinnen. Und diese doofe Tamara ist total fies zu mir. Ich weiß einfach nicht, was ich machen soll.«*
- Er: *»Du bist ganz schön durch den Wind.«* (Spiegeln)
  Sie: *»Und ob! Ich hatte doch immer so viele Freundinnen und jetzt will plötzlich niemand mehr was von mir wissen. Ich habe ja versucht, mich mit ein paar Mädels anzufreunden. Aber das klappt nicht.«*
- Er: *»Es sieht so aus, als ob du ziemlich gefrustet bist.«* (Spiegeln)
  Sie: *»Oh ja! Wahrscheinlich klingt das alles ziemlich bescheuert. Danke jedenfalls, dass du mir zugehört hast!«*
- Er: *»Hab ich gern getan.«*
  Sie: *»Und was soll ich deiner Meinung nach jetzt tun? Hast du eine Idee?«*

Dass der große Bruder so einfühlsam zugehört hat, war eine riesige Einzahlung auf sein Beziehungskonto bei Tina. Nun ist sie offen für seine Vorschläge. Jetzt ist er an der Reihe, seinen Standpunkt darzulegen und von ihr verstanden zu werden.

## Echt knifflig: Gespräche mit den Eltern

Gespräche sind nicht immer einfach. Vor allem Gespräche mit deinem Vater oder deiner Mutter können eine echte Herausforderung sein. Obwohl ich als Teenager ganz gut mit meinen Eltern zurechtkam, hatte ich manchmal das Gefühl, dass die beiden von einem anderen Planeten stammen. Oft dachte ich, dass sie mich überhaupt nicht verstehen und als eigenständigen Menschen respektieren würden. Auch wenn du manchmal glaubst, dass deine Eltern Lichtjahre von dir entfernt sind, wird das Leben mit ihnen viel leichter, wenn ihr richtig miteinander sprechen könnt. Willst du in Zukunft besser mit deinen Eltern klarkommen? Dann versuch, ihnen wie einem guten Freund oder einer guten Freundin zuzuhören. Kommt es dir komisch vor, deine Eltern wie ganz normale Menschen zu behandeln? Der Versuch

lohnt sich! Wir sagen immer wieder zu unseren Eltern: »Ihr versteht mich einfach nicht!« Aber hattest du schon mal die Idee, dass vielleicht *du* es bist, der *sie* nicht versteht?

Genau wie du haben es deine Eltern auch nicht immer leicht. Du machst dir Sorgen wegen deiner Freunde und der Matheklausur – deine Eltern machen sich Sorgen wegen ihres Chefs und darüber, wie sie deine Zahnspange bezahlen sollen. Es kann gut sein, dass sie ihre Träume aufgeben mussten, damit du deine verwirklichen kannst. Kurzum: *Eltern sind auch nur Menschen.* Sie lachen, sie weinen, ihre Gefühle werden verletzt und sie kommen nicht immer mit ihrem Leben klar – genau wie du und ich!

Wenn du dir die Zeit nimmst, deinen Eltern zuzuhören und sie zu verstehen, werden zwei Dinge passieren:

1. **Du wirst erstaunt sein:** Als ich zum ersten Mal ein Buch meines Vaters las, war ich schon 19. Er war ein erfolgreicher Autor. Alle hatten mir erzählt, dass seine Bücher wirklich gut seien. Ich hatte mir aber nie die Zeit genommen, auch nur eine Zeile zu lesen. Als ich dann das erste Buch gelesen hatte, dachte ich: »Donnerwetter, mein Vater hat echt was drauf.«

2. **Deine Eltern werden dir viel öfter deine Wünsche erfüllen:** Das ist keine Manipulation und auch kein Trick. Wenn sich deine Eltern von dir verstanden fühlen, werden sie eher bereit sein, dir zuzuhören. Sie werden offener für deine Anliegen sein und dir viel mehr Vertrauen entgegenbringen.

Wie also kannst du deine Eltern besser verstehen? Fang damit an, deiner Mutter oder deinem Vater ein paar Fragen zu stellen: »Wie war dein Tag heute?« oder: »Kann ich dir bei irgendetwas im Haus oder im Garten behilflich sein?«. Zudem solltest du kleine Einzahlungen auf dein Beziehungskonto bei ihnen machen. Versetz dich in deine Eltern hinein und überleg dir: Was wäre eine Einzahlung für sie? Beispielsweise könnte es eine Einzahlung sein, wenn du unaufgefordert den Müll rausbringst oder wenn du abends zur vereinbarten Zeit wieder zu Hause bist.

## ... dann verstanden werden

Ich habe die Ergebnisse einer Umfrage gelesen, in der die Teilnehmer zu ihren größten Ängsten befragt wurden. Der »Tod« belegte den zweiten Platz. Und was denkst du? Wovor fürchteten sich die Leute am meisten? Davor, eine Rede zu halten! Viele würden also lieber sterben, als vor einem großen Publikum zu sprechen.

Eine Rede zu halten, erfordert wirklich Mut. Aber es braucht ja schon Mut, überhaupt den Mund aufzumachen. Und genau darum geht es in der zweiten Hälfte des 5. Weges: »... dann verstanden werden«. Die zweite Hälfte ist genauso wichtig wie die erste. Allerdings stellt sie andere Anforderungen:

- »Erst verstehen ...« setzt **Rücksicht** voraus.
- »... dann verstanden werden« verlangt **Mut**.

Solange wir nur die erste Hälfte des 5. Wegs beherrschen, sind wir schwach. Das entspricht der Verlust-Gewinn-Einstellung oder dem Fußabtreter-Syndrom. Trotzdem tappen wir leicht in die Fußabtreter-

Falle – besonders gegenüber unseren Eltern. Dann sagen wir beispielsweise: »Ich werde Mama nicht sagen, wie ich mich fühle. Sie würde mir ohnehin nicht zuhören und mich auch gar nicht verstehen!« Wir behalten unsere wahren Gefühle für uns und vergraben sie tief in unserem Inneren. Doch unterdrückte Gefühle lassen uns niemals los. Sie sind lebendig in uns begraben und fressen uns innerlich auf.

Wenn du dir Zeit zum Zuhören nimmst, stehen die Chancen gut, dass man auch dir zuhört. Wer verstanden werden will, muss auch *Feedback* geben. Das ist sehr wichtig und kann, richtig gemacht, eine große Einzahlung auf dein emotionales Beziehungskonto bei einem anderen Menschen sein. Falls du siehst, dass bei jemandem der Hosenstall offen steht, dann sag es ihm. Er wird dir dankbar sein. Wenn du bei jemandem ein gut gefülltes Beziehungskonto hast, kannst du ihm unbesorgt Feedback geben.

Mein jüngerer Bruder Joshua stand kurz vor dem Abschluss der High School. Damals hat er mir Folgendes erzählt:

*Ein Vorteil, wenn man ältere Brüder und Schwestern hat, ist, dass sie dir ständig Feedback geben.*

*Wenn ich von einem Basketball- oder Football-Spiel nach Hause komme, warten meine Eltern schon an der Haustür. Anschließend sprechen wir noch mal über das Spiel. Mutter schwärmt dann von meinem Talent. Und mein Vater sagt, dass der Sieg meines Teams vor allem meinen Führungsqualitäten zu verdanken sei.*

*Oft setzt sich meine Schwester Jenny nach einer Weile zu uns in die Küche. Dann frage ich sie, wie ich wirklich gespielt habe. Jenny sagt mir ganz ehrlich, wenn ich nur mittelmäßig war. Sie erinnert mich daran, dass ich mich zusammenreißen muss, wenn ich meinen Stammplatz behalten will. Und sie sagt auch, dass ich beim nächsten Mal besser spielen und sie nicht blamieren soll.*

Jenny und Josh stehen sich sehr nahe. Deshalb können sie offen und ehrlich miteinander umgehen. Wenn du selbst anderen Feedback gibst, solltest du an zwei wichtige Punkte denken:

1. Frag dich: »Steht hinter meinem Feedback die ehrliche Absicht, dem anderen zu helfen? Oder geht es mir nur darum, ihn niederzumachen, um selbst besser dazustehen?« Solange bei deinem Feedback nicht das Wohl des anderen im Mittelpunkt steht, solltest du es zumindest für diesen Augenblick und an diesem Ort bleiben lassen.

2. Sende keine »Du«-Botschaften, sondern »Ich«-Botschaften. Formuliere dein Feedback in der »Ich«-Form. Mach dem anderen deutlich, dass es sich um deine subjektive Einschätzung handelt. Sag: »*Ich* mache mir Sorgen, weil *ich* das Gefühl habe, dass du in letzter Zeit sehr schnell aus der Fassung gerätst.« Verzichte auf »Du«-Botschaften. Sie wirken wie eine Anklage. Wenn du sagst: »*Du* bist furchtbar unbeherrscht!«, wird sich der Angesprochene angegriffen fühlen und dein Feedback nicht als Hilfe willkommen heißen.

## Kleine Schritte

1. Nimm dir heute Zeit. Beobachte, wie Leute miteinander sprechen. Achte auf die Körpersprache. Was siehst du? Versuch, die Körpersprache richtig zu interpretieren.

2. Frag irgendwann in dieser Woche deine Mutter oder deinen Vater: »Wie läuft's denn so bei dir?« Hör richtig zu. Du wirst überrascht sein, was du alles erfährst und wie sehr sie sich über dein Interesse freuen.

3. Wenn du das nächste Mal deine Gefühle tief in dir verschließen willst, dann tu das bitte nicht! Sprich offen und ehrlich darüber, wie es dir gerade geht und was du wirklich fühlst.

4. Überleg, wie du einem anderen durch konstruktives Feedback helfen könntest. Und: Warte den richtigen Zeitpunkt dafür ab.

   Person, der dein Feedback helfen wird:

   ______________________________________________

   ______________________________________________

# Der 6. Weg: Synergien schaffen

Gemeinsam mehr erreichen: Du bist nicht allein

**Allein** können wir nur wenig; gemeinsam können wir so viel.
Helen Keller

Hast du schon mal einen Gänseschwarm in V-Formation fliegen sehen? Wissenschaftler haben einige erstaunliche Dinge herausgefunden, warum die Gänse das so machen:

- Wenn eine Gans mit den Flügeln schlägt, erzeugt sie einen Aufwind. Das erleichtert den Gänsen hinter ihr das Fliegen. So kommen die Gänse durch den Formationsflug um 71 Prozent schneller voran als ein einzelner Vogel.
- Wenn die Gans an der Spitze des V müde wird, reiht sie sich ganz hinten in die Formation ein und überlässt einer anderen Gans die vorderste Position.
- Die hinteren Gänse feuern die vorderen durch lautes Geschnatter an.
- Sobald eine Gans aus der Formation ausbricht, spürt sie den erhöhten Luftwiderstand und kehrt wieder ins V zurück.
- Kann sich eine kranke oder verletzte Gans nicht mehr in der Formation halten, bleiben zwei andere Gänse bei ihr, um ihr zu helfen und sie zu beschützen. Sie beschützen sie, bis es ihr wieder besser geht oder sie stirbt. Danach schließen sie sich einer anderen Formation an oder bilden eine eigene, um wieder zu ihrer Gänseschar aufzuschließen.

Von wegen »dumme Gans«! Indem sie in der Formation fliegen, sich den Windschatten teilen, sich an der Spitze des V abwechseln, sich gegenseitig durch ihr Geschnatter anspornen und sich um kranke oder verletzte Gänse kümmern, erreichen sie viel mehr, als wenn sie allein fliegen würden.

Was heißt also »Synergien schaffen«? Synergie entsteht, wenn zwei oder mehr Beteiligte gemeinsam viel mehr erreichen als das, was jeder Einzelne von ihnen alleine je hätte leisten können. Auf Lösungsideen bezogen heißt das: Wir setzen nicht meine Vorstellungen oder deine Vorstellungen um, sondern finden gemeinsam eine Lösung, die besser ist als alles, was jedem Einzelnen von uns eingefallen wäre.

Synergie ist der Lohn, den du genießen kannst, sobald du die vorangegangenen 5 Wege konsequent verfolgst. Wenn du lernst, Synergien zu schaffen, ist das so, als würdest du mit anderen in einer V-Formation fliegen. Dann musst du dich nicht allein durchschlagen und wirst viel schneller vorankommen und wesentlich größere Ziele erreichen. Damit du besser verstehst, was Synergie ist, wollen wir uns ansehen, was Synergie ist und was nicht:

| **Synergie heißt …** | **Synergie heißt nicht …** |
|---|---|
| *Unterschiede als Chance sehen,* | *Unterschiede als Problem sehen,* |
| *im Team arbeiten,* | *als Einzelkämpfer arbeiten,* |
| *die Ideen anderer schätzen,* | *auf seiner Meinung bestehen,* |
| *gemeinsam neue, bessere Lösungen finden.* | *faule Kompromisse schließen.* |

## Synergie ist überall

In der Natur gibt es überall Synergien. Viele Pflanzen und Tiere leben in symbiotischen Gemeinschaften. Vielleicht hast du schon mal ein Bild gesehen, auf dem ein kleiner Vogel seine Nahrung vom Rücken eines Nashorns pickte? Das ist ein Paradebeispiel für Synergie. Beide Seiten profitieren: Der Vogel bekommt etwas zu fressen und das Nashorn wird von lästigen Parasiten befreit.

Auch Bands sind Beispiele für Synergie. Ihren unverkennbaren »Sound« verdanken sie nicht dem Schlagzeuger, dem Gitarristen, dem Saxofonisten oder dem Sänger – er ist ein Gemeinschaftsprodukt. Keines der Instrumente ist wichtiger als die anderen; sie sind einfach nur verschieden. Alle Musiker bringen ihre Stärken ein, sodass etwas Besseres entsteht, als jeder allein für sich je auf die Beine stellen könnte.

Bestimmt hast auch du schon Synergie erlebt, als du in einem Team oder in einem Gruppenprojekt dabei warst, das besonders gut lief.

## Wie entsteht Synergie?

Synergie entsteht nicht von jetzt auf gleich. Sie ist ein Prozess. Ihr Fundament lautet: Lerne, Unterschiede zu schätzen und als Gewinn zu betrachten.

Ich werde nie vergessen, wie ich in der High School einen Jungen aus Tonga kennenlernte. Er hieß Fine (Aussprache: »Fie-Nie«). Zuerst hatte ich Angst vor ihm. Er war groß wie ein Schrank und stark wie ein Bulle. Zudem wurde ihm nachgesagt, dass er ein Street Fighter sei. Wir waren total verschieden, wir sahen total anders aus, trugen total verschiedene Klamotten, sprachen, dachten und aßen total anders – du hättest den Kerl mal in der Cafeteria sehen sollen!

Fine und ich hatten nur eine einzige Sache gemeinsam: Football. Wie konnten wir da Freunde werden? Vielleicht, *gerade weil* wir so verschieden waren. Ich wusste nie genau, was Fine dachte oder was er als Nächstes tun würde – und das war einfach klasse. Jeder von uns hatte Stärken, die der andere nicht hatte. Genau das machte uns zu einem unschlagbaren Team.

Beim Wort *Vielfalt* denken wir meist an Herkunfts- und Geschlechtsunterschiede. Doch Viel-

falt kann so viel mehr bedeuten: Unterschiede beim Geschlecht, bei der Hautfarbe, beim Körperbau und beim Alter, bei der Kleidung, der Sprache, bei den finanziellen Verhältnissen, der Familie, den Glaubensanschauungen, dem Lebensstil, der Bildung, den Interessen, den Fertigkeiten …

Die ganze Welt ist ein einziger Schmelztiegel der Kulturen, Ethnien, Religionen und Ideen. Die Vielfalt um dich herum wird immer größer. Deshalb solltest du dir gut überlegen, wie du mit den Unterschieden umgehen willst. Du hast drei Möglichkeiten:

1. Unterschiede als etwas Negatives sehen,
2. Unterschiede akzeptieren,
3. Unterschiede als Gewinn betrachten.

## 1. Unterschiede als etwas Negatives sehen

Manche Menschen haben Angst vor allem, was »anders« ist. Es stört sie, wenn jemand eine andere Hautfarbe hat, an einen anderen Gott glaubt oder eine andere Jeansmarke trägt. Sie sind überzeugt, dass ihre eigene Art zu leben die »beste«, »richtige« oder »einzig zulässige« ist. Oft machen sie sich über diejenigen lustig, die anders sind. Sie glauben, die Welt vor dem Andersartigen retten zu müssen, und werden dabei sogar handgreiflich. Häufig schließen sie sich zu Gruppen, Cliquen oder Banden zusammen, um sich gemeinsam stärker zu fühlen.

### 2. Unterschiede akzeptieren

Viele glauben, dass jeder das Recht hat, anders zu sein. Ihr Motto lautet: »Mach du dein Ding und lass mich meins machen. Wenn du mich in Ruhe lässt, lasse ich auch dich in Ruhe.« Solche Menschen sehen Unterschiede nicht als Stärken, auf denen man gemeinsam aufbauen kann. So *erreichen sie niemals echte Synergie* und wissen gar nicht, was ihnen alles entgeht.

### 3. Unterschiede als Gewinn betrachten

Einige von uns betrachten Unterschiede als Gewinn. Sie haben gelernt, dass zwei Menschen, die unterschiedlich denken, mehr erreichen können als zwei, die vollkommen gleich gestrickt sind. Das heißt nicht, dass sie mit dem, was »anders« ist, immer voll und ganz einverstanden sind. Ihre Erfolgsformel lautet: Vielfalt = Kreativität = Chancen.

## Jeder Mensch ist einzigartig

Und du? Wie gehst du mit Unterschieden um? Den meisten von uns fällt es schwer, Vielfalt in allen Lebensbereichen als Gewinn zu sehen. Deshalb sollten wir uns bewusst machen, dass jeder von uns in der einen oder anderen Hinsicht eine »Minderheit« für sich darstellt. Denk nur mal daran, wie anders du bist als deine Freunde oder deine Familienangehörigen. Zudem ist Vielfalt nicht nur ein äußerliches, son-

dern auch ein inneres Phänomen. Was ich damit meine? Jeder Mensch denkt auf seine eigene Art und Weise. Zudem gibt es noch zwei weitere wesentliche »innere« Unterschiede:

### 1. Wir lernen auf unterschiedliche Weise

Unter Berufung auf die Arbeiten von Howard Gardner aus den 1980er-Jahren unterscheidet Dr. Thomas Armstrong sieben Arten von Intelligenz.* Dabei vertritt er die These, dass Kinder und Jugendliche am besten lernen, wenn sie von der Intelligenz Gebrauch machen können, die bei ihnen am meisten ausgeprägt ist:

- **Sprachliche Intelligenz:** Lernen durch Lesen, Schreiben, Erzählen von Geschichten
- **Logisch-mathematische Intelligenz:** Lernen über Logik, Bilden von Kategorien sowie Erkennen von Mustern und Zusammenhängen
- **Körperliche Intelligenz:** Lernen über körperliche Wahrnehmung und Berührungen
- **Räumliche Intelligenz:** Lernen über Formen und Bilder
- **Musikalische Intelligenz:** Lernen über Klänge und Rhythmen
- **Interpersonelle Intelligenz:** Lernen durch Interaktion und Kommunikation mit anderen
- **Intrapersonelle Intelligenz:** Lernen über die eigenen Gefühle

Keiner dieser Intelligenz- und Lerntypen ist besser oder schlechter – sie sind einfach nur verschieden. Vielleicht ist bei dir ja die logisch-mathematische Intelligenz besonders ausgeprägt? Und hat bei deiner Schwester die interpersonelle Intelligenz die Oberhand? Jetzt könntest du sagen, es sei furchtbar, dass sie so viel redet. Du könntest diese Unterschiede aber auch nutzen und deine Schwester bitten, dir bei deinem nächsten Referat zu helfen.

---

* Thomas Armstrong, *7 Kinds of Smart*. New York 1993.

## 2. Wir sehen auf unterschiedliche Weise

Jeder von uns betrachtet die Dinge aus seinem ganz eigenen Blickwinkel. Wir haben alle unterschiedliche Paradigmen über uns selbst, andere und das Leben im Allgemeinen. Lass uns doch einfach mal ein kleines Experiment machen: Schau dir das Bild unten ein paar Sekunden lang an. Was siehst du? Wahrscheinlich wirst du sagen, dass das Bild eine krakelige Zeichnung von einer Maus mit einem ziemlich langen Schwanz ist.

Und wenn ich dir jetzt sage, dass du dich irrst? Dass ich dort keine Maus erkenne, sondern ein Männergesicht mit Brille! Würdest du meine Sichtweise akzeptieren? Oder würdest du mich für einen Blödmann halten, weil ich etwas anderes sehe als du?

Weißt du nicht genau, was ich meine? Dann blättere jetzt mal weiter und sieh dir das nächste Bild genau an. Geh danach wieder zu dieser Seite zurück. Siehst du jetzt, was ich sehe?

Alles, was du bisher erlebt hast, ist wie eine Brille, ein Paradigma, durch das du die Welt siehst. Und da wir alle eine völlig andere Vergangenheit haben, betrachten zwei Menschen die Welt nie durch dieselbe Brille. Wo der eine eindeutig eine Maus sieht, sieht der andere einen Mann – und *beide haben recht*. Mach dir klar, dass jeder die Welt anders sieht und dass jeder recht haben kann. Dann wirst du mehr Verständnis dafür haben, dass Menschen unterschiedlicher Meinung sein können und andere Standpunkte besser verstehen.

## Sei froh, dass du anders bist!

Ich habe drei Brüder. Wir haben einiges gemeinsam – beispielsweise die Größe unserer Nasen und natürlich unsere Eltern. Doch in vielen Punkten sind wir grundverschieden. Als ich jünger war, wollte ich immer beweisen, dass ich besser bin als meine Brüder. »Ja, vielleicht geht ihr offener auf andere zu als ich. Aber wen interessiert das schon? Schließlich bin ich in der Schule viel besser als ihr – und das ist ja wohl wesentlich wichtiger!«

Mittlerweile habe ich eingesehen, wie idiotisch es ist, so zu denken. Meine Brüder haben *ihre* Stärken und ich habe *meine*. Keiner von uns ist besser oder schlechter. Wir sind einfach nur verschieden. Versuch nicht, genau wie die anderen zu sein. Sei stolz auf deine einzigartigen Seiten und Stärken. Freu dich über dein »Anderssein«.

## Stolpersteine auf dem Weg zur Synergie

Es gibt viele Stolpersteine, die uns daran hindern, Synergien zu schaffen. Die größten drei sind:

1. Unwissenheit
2. Abschottung
3. Vorurteile

### 1. Unwissenheit

Oft ist es Unwissenheit, die uns daran hindert, andere Menschen zu verstehen, ihr Anderssein zu akzeptieren und mit ihnen gemeinsam Synergien zu entwickeln. Das gilt besonders im Zusammenhang mit Menschen mit Behinderungen. Das schildert auch Crystal Lee Helms in einem Artikel, den sie bei der Zeitung *Mirror* einreichte:

*Mein Name ist Crystal. Ich bin 1,75 Meter groß und habe blondes Haar und haselnussbraune Augen. Alles ganz normal. Aber was, wenn ich dir erzähle, dass ich taub bin?*

*In einer perfekten Welt sollte das keinen Unterschied machen. Aber wir leben nicht in einer perfekten Welt – und es macht sehr wohl einen Unterschied.*

*Sobald jemand weiß, dass ich taub bin, ändert sich sein Verhalten schlagartig. Die meisten fragen mich: »Wie kommt es, dass du taub bist?« Wenn ich meine Geschichte erzähle, kommt die nächste typische Reaktion: »Oh, das tut mir aber leid.« Ich schaue dem anderen dann tief in die Augen und sage ganz ruhig: »Das muss dir nicht leidtun. Es geht mir gut.« Auch wenn die anderen es vielleicht nur gut meinen, ich mag kein Mitleid.*

Die Sache ist nämlich die: Wenn du jemandem, der taub ist, begegnest, dann stempele ihn nicht als behindert oder benachteiligt ab. Nimm dir lieber die Zeit, ihn kennenzulernen und zu erfahren, wie es wirklich ist, taub zu sein. Damit lernst du nämlich nicht nur andere besser zu verstehen, sondern – was noch viel wichtiger ist – auch dich selbst.

### 2. Abschottung

Es ist überhaupt nichts dagegen einzuwenden, dass du mit den Leuten zusammen sein willst, bei denen du dich wohlfühlst und mit denen du Spaß hast. Zum Problem wird das allerdings, wenn deine Freunde eine so verschworene Gemeinschaft bilden, dass sie alle ablehnen, die nicht genauso sind wie sie. In einer Clique, die sich nach außen abschottet, ist wenig Platz für Vielfalt.

### 3. Vorurteile

Hast du schon mal erlebt, dass andere dich in eine Schublade gesteckt oder dir Vorurteile entgegengebracht haben, weil du nicht das richtige Geschlecht, die richtige Hautfarbe oder die richtige Familie hast? Ich glaube, so etwas ist uns allen schon mal passiert, und wir wissen, wie schlecht man sich dann fühlt. Es ist eine traurige Tatsache, dass Angehörige von Minderheiten und auch Frauen aufgrund von weit verbreiteten Vorurteilen oft besonders viele Hürden überwinden müssen.

Unsere Vorurteile sind nicht angeboren. Wir erwerben sie erst im Laufe unseres Lebens. Kinder beispielsweise machen zwischen Hautfarben keinen Unterschied. Erst im Lauf der Jahre übernehmen sie die Vorurteile, die ihre Umwelt ihnen vorlebt. Dann beginnen viele, sich von Menschen, die eine andere Hautfarbe haben, abzugrenzen.

## Ein Hoch auf die Vielfalt

Zum Glück gibt es viele Menschen, die Unterschiede zu schätzen wissen. Die folgende Geschichte von Bill Sanders ist ein eindrucksvolles Beispiel dafür:

*Vor einigen Jahren erlebte ich etwas, das mir noch heute Gänsehaut macht: Auf einer Schulversammlung habe ich einen Vortrag über Mobbing gehalten. Ich habe den Schülerinnen und Schülern gezeigt, dass jeder von uns sich für andere starkmachen kann, anstatt auf sie einzudreschen. Danach hatten alle die Möglichkeit, selbst ans Mikrofon zu treten.*

*Ein Mädchen bedankte sich bei seinen Freundinnen, die ihm bei Problemen in der Familie beigestanden hatten. Ein Junge erzählte von Menschen, die ihm in schwierigen Zeiten Halt gegeben hatten. Doch dann trat ein Mädchen aus der Abschlussklasse ans Mikrofon, zeigte auf einen Achtklässler und sagte: »Lasst uns aufhören, auf diesem Jungen herumzuhacken. Ja, er ist anders als wir. Aber im Inneren unterscheidet er sich nicht von uns. Er braucht Freunde, Akzeptanz und Anerkennung. Deshalb bitte ich euch alle: Hört auf, ihn fertigzumachen. Gebt ihm eine Chance!«*

*Ich dachte, der Junge würde knallrot anlaufen und sich nichts mehr wünschen, als sich unter seinen Sitz verkriechen zu können. Aber nein! Er strahlte, grinste von einem Ohr zum anderen und reckte seine Faust in die Höhe. Seine Körpersprache sagte: »Danke, vielen Dank! Du hast mir heute das Leben gerettet!«*[*]

Wenn du selbst schon einmal so richtig gemobbt wurdest, weißt du, wie sich das anfühlt. Es ist eine schreckliche Erfahrung, die man niemandem wünscht. Halte also die Augen offen für den Fall, dass du selbst einmal in die Situation kommst, dass du mit einem mutigen Auftreten verhindern kannst, dass ein anderer Mensch gemobbt wird – ob von Angesicht zu Angesicht oder im virtuellen Raum.

---

* Bill Sanders, *Goalposts: Devotions for Girls.* Grand Rapids 1995.

## Den »hohen« Weg finden

Wer überzeugt ist, dass Unterschiede eine Stärke sind, und sich fest vornimmt, sie zu schätzen, kann den »hohen« Weg finden. Oder anders ausgedrückt: Synergie ist der »hohe« Weg. Dieser Weg ist weit mehr als nur ein Kompromiss oder einfache Zusammenarbeit. Ein Kompromiss bedeutet: 1 + 1 = 1½. Für Zusammenarbeit gilt: 1 + 1 = 2. Bei Synergie jedoch heißt es: 1 + 1 = 3 oder sogar noch mehr. Synergie entsteht bei kreativer Kooperation, wobei die Betonung auf *kreativ* liegt. Dann ist das Ganze am Ende größer als die Summe seiner Teile. Auch Musiker kennen das Prinzip der Synergie. Wenn beispielsweise ein C und ein G perfekt harmonieren, entsteht ein dritter Ton, ein E. Auf dem »hohen« Weg kommen wir schneller voran und erreichen mehr. Das hat auch Lenny entdeckt:

*Unser Physiklehrer hatte uns das Prinzip des Impulses demonstriert. Um das Ganze praktisch auszuprobieren, sollten wir ein Katapult konstruieren, wie im Mittelalter. Er nannte es die Kürbisschleuder.*

*Wir waren zu dritt in unserer Gruppe – zwei Jungs und ich. Da wir komplett verschieden waren, hatten wir auch komplett verschiedene Ideen für unsere Kürbisschleuder: Einer von uns wollte ein Bungee-Seil verwenden, damit das Katapult losschnellte. Ein anderer wollte es mit dicken Tauen und einer Feder versuchen. Wir probierten alle Vorschläge aus, waren aber nicht wirklich überzeugt. Dann überlegten wir, das Bungee-Seil und die Feder zu kombinieren. Dadurch bekamen wir deutlich mehr Schnellkraft als vorher. So konnten wir die Schussweite der Kürbisse verdoppeln. Das war echt genial!*

## Wie du Synergie schaffst

Hast du Zoff mit deinen Eltern oder Krach mit deiner besten Freundin? Es gibt immer Möglichkeiten, Synergie zu schaffen. Mit der folgenden Fünf-Schritte-Anleitung ist das leichter als gedacht:

Synergie schaffen:

## FÜNF-SCHRITTE-PLAN

1. **Was ist das Problem?**
   Beschreib das Problem.
2. **Welche Wünsche haben die anderen?**
   Versuch zuerst, die anderen zu verstehen.
3. **Welche Wünsche hast du?**
   Erklär den anderen deine Sicht der Dinge.
4. **Welche neuen Lösungen gibt es?**
   Seid kreativ und entwickelt gemeinsam neue Lösungen.
5. **Welche Lösung ist die beste?**
   Wählt die beste Lösung aus und setzt sie um.

Und noch ein Tipp: Kopier diesen Fünf-Schritte-Plan, und häng ihn an einer Stelle auf, an der du ihn möglichst oft im Blick hast.

### Die fünf Schritte im Praxistest

Überleg mal, wie Konflikte normalerweise gelöst werden. Oft lautet das Motto: *Fight or flight.* Entweder es kommt zum Streit oder eine Seite gibt nach. Der Fünf-Schritte-Plan bietet eine viel bessere Alternative. Also, lass uns das Ganze gleich mal an einem konkreten Beispiel testen. Es geht um den Familienurlaub:

Vater: *Es ist mir egal, ob du Lust hast oder nicht. Du kommst auf jeden Fall mit in den Urlaub! Wir haben den Urlaub schon seit Monaten geplant. Außerdem ist es mir wichtig, dass wir gemeinsam Zeit als Familie verbringen.*

- Du: *Ich will aber nicht mit. Ich will hierbleiben und etwas mit meinen Freunden unternehmen. Sonst verpasse ich ja alles!*
- Mutter: *Ich möchte nicht, dass du allein hierbleibst. Dann würde ich mir die ganze Zeit über Sorgen machen und hätte gar nichts vom Urlaub. Wir wollen dich bei uns haben.*

**1. Was ist das Problem?**

**Beschreib das Problem:** Meine Eltern wollen, dass ich die Ferien mit der Familie verbringe. Aber ich möchte viel lieber zu Hause bleiben, um Zeit für meine Freunde zu haben.

**2. Welche Wünsche haben die anderen?**

**Versuch zuerst, die anderen zu verstehen:** Nutze die Zuhörtechniken, die du im Kapitel zum 5. Weg kennengelernt hast. Stell sicher, dass du wirklich verstehst, worum es deinen Eltern geht. Du weißt ja: Wenn du willst, dass deine Wünsche in die Entscheidung einfließen, musst du zuerst dafür sorgen, dass die übrigen Beteiligten sich verstanden fühlen. Wenn du richtig zuhörst, wirst du Folgendes erfahren:

*Dieser Urlaub ist meinem Vater sehr wichtig. Er möchte endlich Zeit mit seiner Familie verbringen, weil er uns sonst so selten sieht. Ohne mich wäre es nicht dasselbe. Und Mama könnte die Ferien nicht genießen, wenn ich allein zu Hause wäre und sie nicht wüsste, wie es mir geht und was ich mache.*

**3. Welche Wünsche hast du?**

**Erklär den anderen deine Sicht der Dinge:** Jetzt geht es um die zweite Hälfte des 5. Weges. Sei mutig und erklär deinen Eltern, wie sich die Sache mit dem Urlaub für dich anfühlt:

*Ich möchte gern zu Hause bei meinen Freunden bleiben und etwas mit ihnen unternehmen. Sie sind mir sehr wichtig. Wir haben tolle Dinge geplant und ich möchte nichts davon verpassen. Außerdem drehe ich durch, wenn ich mich die ganzen Zeit mit meinen beiden kleinen Geschwistern auf die Rückbank im Auto quetschen muss.*

**4. Welche neuen Lösungen gibt es?**

**Seid kreativ und entwickelt gemeinsam neue Lösungen:** Nutzt eure ganze Fantasie, und überlegt euch gemeinsam Ideen, auf die ihr allein nicht gekommen wärt. Die folgenden Tipps helfen euch dabei:

- **Lasst euren Gedanken freien Lauf:** Bringt auch die verrücktesten Ideen zur Sprache.
- **Vermeidet Kritik:** Kritik ist ein echter Kreativitätskiller. Deshalb: Lasst erst mal alle Ideen zu, ohne gleich irgendwas auszusieben.
- **Spielt euch die Bälle zu:** Baut aufeinander auf. Entwickelt die Lösungen der anderen weiter. Ein Einfall führt zum nächsten.

In unserem Beispiel stehen am Ende von Schritt 4 folgende neue Ideen im Raum:

- *Mein Vater sagte, wir könnten an einen anderen Ort fahren, der mir besser gefällt.*
- *Meine Mutter hat mir angeboten, einen Freund mitzunehmen.*
- *Ich schlug vor, etwas später nachzukommen.*
- *Mein Vater war bereit, mir einen Teil des Urlaubs zu erlassen, wenn ich in dieser Zeit seine PCs und Tablets auf Vordermann bringe, damit sie wieder schneller laufen.*

**5. Welche Lösung ist die beste?**

**Wählt die beste Lösung aus und setzt sie um:** Wenn ihr eurer Kreativität freien Lauf lasst, werdet ihr am Ende auf eine Lösungsidee kommen, die alle eure Erwartungen übertrifft:

*Gemeinsam haben wir vereinbart, dass ich die erste halbe Woche zu Hause bleibe. Dann komme ich mit einem Freund mit dem Bus nach, um die zweite Hälfte der Woche mit der Familie zu verbringen. Meine Eltern haben angeboten, die Bustickets für mich und meinen Freund zu zahlen, wenn ich dafür die Computer auf Vordermann bringe. Wir alle sind mit dieser Lösung sehr zufrieden.*

Um Synergie zu schaffen, musst du erst bereit sein, dir den Standpunkt der anderen Seite anzuhören. Danach musst du den Mut haben, deine eigene Sicht der Dinge offen darzulegen. Und dann müssen beide Seiten gemeinsam kreativ werden. Zugegeben, das ist nicht ganz einfach. Aber du wirst überrascht sein, was mit dem Fünf-Schritte-Plan alles möglich ist.

### Tu es!

Der Fünf-Schritte-Plan für das Schaffen von Synergie lässt sich in allen möglichen Situationen anwenden. Hier sind drei Beispiele:

- Du bist in Biologie mit drei anderen Leuten, die du noch nicht näher kennst, für ein Gruppenprojekt eingeteilt worden.
- Du hast mit deinem Vater Meinungsverschiedenheiten darüber, wann du abends zu Hause sein musst.
- Du streitest dich ständig mit deinem Bruder, wer Mamas iPad benutzen darf.

Der Fünf-Schritte-Plan ist ein Leitfaden und nicht mehr. Denn manchmal sind gar nicht alle Schritte nötig. Wenn eure Beziehungskonten gut gefüllt sind, könnt ihr oft direkt bei Schritt 3 einsteigen. Hin und wieder braucht ihr auch mehrere Gespräche, bis ihr eine Lösung für euer Problem gefunden habt. Dann heißt es: Geduld haben und nicht vorschnell aufgeben!

## Teamarbeit und Synergie

Gut funktionierende Teams bestehen meist aus mindestens fünf Persönlichkeitstypen. Jeder Persönlichkeitstyp spielt eine ganz spezielle, sehr wichtige Rolle:

- **Arbeiter:** Geht unbeirrt seinen Weg, bis er eine Aufgabe erfolgreich abgeschlossen hat.
- **Unterstützer:** Steht den führenden Köpfen im Team mit viel Engagement zur Seite. Wenn er von einer Idee begeistert ist, tut er für ihre Verwirklichung alles, was in seiner Macht steht.
- **Impulsgeber:** Ist kreativ und sprudelt nur so vor Ideen. Von ihm bezieht das Team häufig die wichtigsten Anregungen.
- **Harmoniestifter:** Fördert den Zusammenhalt im Team. Arbeitet gut mit den anderen zusammen. Motiviert sie, Synergie zu schaffen.
- **Spaßmacher:** Ist meist ein netter Kollege, der manchmal auch etwas anstrengend sein kann. Sorgt für den nötigen Spaß und Schwung, den das Team braucht, um am Ende erfolgreich zu sein.

Richtig gute Teamarbeit ist wie ein gutes Orchester. Auch wenn alle Musiker gleichzeitig spielen, konkurrieren sie nicht miteinander. Sie haben unterschiedliche Instrumente, bringen unterschiedliche Töne und Klänge hervor, pausieren zu verschiedenen Zeiten, verschmelzen aber miteinander zu einem ganz neuen »Sound«. Das ist Synergie!

Das Buch, das du gerade in der Hand hältst, ist randvoll mit Synergie. Als ich die Idee dazu hatte, wusste ich gar nicht, wo ich anfangen sollte. Also holte ich mir Unterstützung. Erst fragte ich einen Freund – und schon bald waren wir ein größeres Team. Jeder brachte seine individuellen Talente und Fähigkeiten ein und trug auf seine ganz eigene Weise zum Erfolg des Projekts bei. Jeder machte das, was er besonders gut konnte. Ich konzentrierte mich aufs Schreiben. Einer sammelte Geschichten. Eine andere suchte nach passenden Zitaten. Und wieder jemand anderes kümmerte sich ums Korrekturlesen. Manche waren »Arbeiter«, andere »Impulsgeber« und wieder andere »Spaßmacher«. Das war echte Teamarbeit und pure Synergie.

## Kleine Schritte

1. Ist jemand aus deiner Klasse oder aus der Nachbarschaft behindert oder sonst irgendwie benachteiligt? Überschütte ihn nicht mit Mitleid. Geh ihm auch nicht einfach aus dem Weg. Sprich mit ihm. Versuch, ihn näher kennenzulernen. So fühlt ihr euch beide besser.

2. Wenn du das nächste Mal Zoff mit deinen Eltern hast, versuch es mit dem Fünf-Schritte-Plan:

   1. Was ist das Problem?
   2. Welche Wünsche haben die anderen?
   3. Welche Wünsche hast du?
   4. Welche neuen Lösungen gibt es?
   5. Welche Lösung ist die beste?

3. Fällt dir jemand ein, der »anders« ist als du? Was genau ist an dieser Person anders? Welche positiven Eigenschaften hat sie und was kannst du von ihr lernen?

   Was ich von ______________________________ lernen kann:

   ______________________________________________________

   ______________________________________________________

4. Mach gemeinsam mit deinen Freunden ein kleines Synergietraining. Überlegt euch etwas Neues, das ihr am nächsten Wochenende unternehmen könnt, anstatt immer wieder nur das Gleiche zu machen. Ideen fürs Wochenende:

   ______________________________________________________

   ______________________________________________________

Teil 4: Dein Fresh-up

## Der 7. Weg:
## Die Säge schärfen

Hier geht's um dich!

## Gib nicht auf!

Du kannst Berge versetzen

# Der 7. Weg: Die Säge schärfen

Hier geht's um dich!

**Das Dach** musst du reparieren,
solange die Sonne scheint.
John F. Kennedy

Kommt es manchmal vor, dass du unausgeglichen, gestresst oder ausgepowert bist? Dann wird dir der 7. Weg bestimmt gefallen. Denn hier erfährst du, wie du deinen inneren Akku wieder aufladen kannst. Aber warum sagen wir dazu »Die Säge schärfen«? Stell dir vor, du gehst im Wald spazieren. Plötzlich triffst du jemanden, der versucht, einen Baum zu fällen, und sich dabei total verausgabt. Du fragst ihn, was er da macht:

»Das siehst du doch. Ich fälle einen Baum«, erwidert er genervt.

»Wie lange versuchen Sie es denn schon?«

»Volle vier Stunden. Aber irgendwie komme ich nicht voran«, sagt der Mann, während ihm der Schweiß vom Kinn tropft.

»Hmm, Ihre Säge sieht aber auch ziemlich stumpf aus«, antwortest du. Warum machen Sie keine Pause, um Ihre Säge zu schärfen?«

»Für so was habe ich keine Zeit, ich muss erst den Baum fällen!«

Wenn sich der Mann nur ein paar Minuten Zeit nehmen würde, um seine Säge zu schärfen, wäre er vermutlich dreimal so schnell fertig. Ähnlich wie dem Mann mit der Säge geht es vielen von uns. Oft sind wir so beschäftigt, dass wir völlig vergessen, uns eine Pause zu gönnen. Der 7. Weg erinnert uns daran.

Er steht für die regelmäßige Erneuerung und Stärkung der vier wichtigsten Dimensionen im Leben – Körper, Verstand, Herz und Seele.

**Körper**

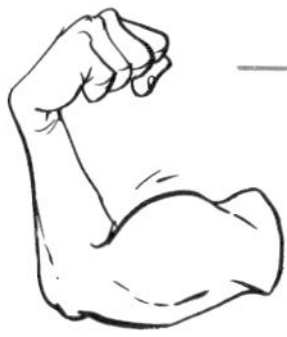

**Physische Dimension**
*Sport, gesunde Ernährung, genug Schlaf, Entspannung*

**Verstand**

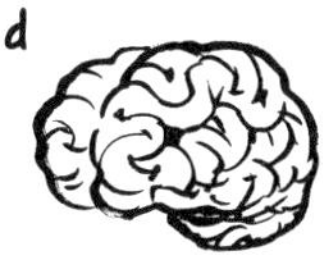

**Mentale Dimension**
*Lesen, lernen, schreiben, neue Fähigkeiten erwerben, kreativ sein*

**Herz**

**Emotionale Dimension**
*Beziehungen pflegen, Gutes tun, lachen, sich selbst lieben lernen*

**Seele**

**Spirituelle Dimension**
*Meditieren, Tagebuch führen, beten, Kunst, Literatur, Musik*

## Ist bei dir alles im Lot?

Um fit, gesund und leistungsfähig zu sein, solltest du alle vier Dimensionen deines Lebens in Balance bringen. Warum ist das so wichtig? Weil alle vier eng miteinander verknüpft sind. Das heißt: Sobald du eine Dimension vernachlässigst, wirkt sich das automatisch auf die anderen aus. Es ist wie bei einem Autoreifen. Wenn einer nicht richtig ausgewuchtet ist oder zu wenig Luft hat, werden sich alle vier ungleichmäßig abnutzen.

Es ist schwer, freundlich zu sein (Herz), solange du erschöpft bist (Körper). Andersherum gilt: Wenn du motiviert und mit dir selbst im Einklang bist (Seele), fällt es dir leichter, dich auf die Schule, die Ausbildung oder das Studium zu konzentrieren (Verstand) und freundlich zu anderen zu sein (Herz). Behalte also immer alle vier Dimensionen deines Lebens im Blick und lass jede zu ihrem Recht kommen!

Gönn dir regelmäßig Auszeiten, um dich um das Wichtigste zu kümmern, was du hast. Was das ist? *Du selbst!* Körper, Verstand, Herz und Seele: Schau dir jetzt bitte jede deiner Dimensionen an. Überleg dir, wie du deine Säge schärfen kannst.

## Gib deinem Körper, was er braucht

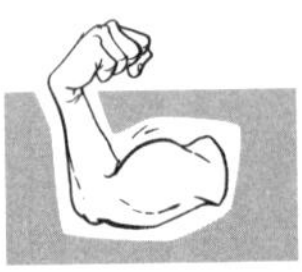

Die Anfangszeit meiner Pubertät war echt schrecklich. Plötzlich war alles durcheinander. Nichts stimmte: Ich wusste nicht, wer ich wirklich bin. Zudem durchlief mein Körper alle möglichen seltsamen Veränderungen. Vielleicht erlebst du gerade auch, wie sich deine Stimme verändert, die Hormone Amok laufen und du nie da gewesene Kurven und Muskeln bekommst. Willkommen in deinem neuen Körper! Bitte denk immer daran: *Du hast nur einen Körper.* Deshalb solltest du sehr sorgfältig mit ihm umgehen.

Du kannst auf vielerlei Weise dazu beitragen, dass dein Körper »in Form« bleibt: Du kannst dich gesund ernähren, ausreichend schlafen, Sport treiben, entspannen, spazieren gehen, Yoga machen oder hundert andere Sachen. In diesem Buch wollen wir uns auf zwei sehr wichtige Dinge konzentrieren: Ernährung und Bewegung.

### Du bist, was du isst

In dem Spruch steckt eine Menge Wahrheit. Ich bin zwar kein Ernährungsspezialist, habe aber zwei Daumenregeln gefunden, die dir vielleicht auch weiterhelfen:

#### Daumenregel 1: Hör auf deinen Körper

Beobachte, wie du dich fühlst, nachdem du bestimmte Dinge gegessen oder getrunken hast. Leite daraus deine eigenen Verhaltensregeln ab. Ich habe beispielsweise festgestellt, dass ich mich morgens ziemlich schlecht fühle, wenn ich direkt vor dem Schlafengehen viel esse. Also habe ich mir zur Regel gemacht, das nicht zu tun. Andererseits habe ich herausgefunden, dass es mir sehr gut geht, wenn ich viel Obst und Gemüse esse und genügend Wasser trinke. Auch das beherzige ich jetzt bei meiner Ernährung.

### Daumenregel 2: Vermeide Extreme

Viele von uns haben ziemlich extreme Essgewohnheiten. Sie pendeln immer wieder zwischen Rohkost und Unmengen von Junk-Food hin und her. Das ist ziemlich ungesund. Ein paar Süßigkeiten, Chips oder Burger dürfen von Zeit zu Zeit schon mal sein. Du solltest allerdings aufpassen, dass daraus keine Gewohnheit wird.

Übergewicht wird heute zunehmend auch unter Jugendlichen zum Problem. Leider bringen die überzähligen Kilos diverse Gesundheitsrisiken mit sich – beispielsweise Typ-2-Diabetes, Asthma, Bluthochdruck und andere äußerst lästige Beschwerden. Die gute Nachricht? Du hast es selbst in der Hand, gut auf deinen Körper zu achten. Letztlich kommt es nur darauf an, dass du dich gesund ernährst und ausreichend bewegst. Sprich mit einem Arzt oder einem Gesundheitsberater. Informier dich online oder mithilfe von Büchern und Zeitschriften.

## Bleib in Bewegung

Jeder von uns fühlt sich mal müde, schlapp und antriebslos. An solchen Tagen ist es hilfreich, wenn du dich bewegst. Bewegung ist gut für Herz, Lunge und Kreislauf. Sie hilft dir, Stress abzubauen und deine Gedanken zu ordnen. Außerdem gibt dir Bewegung frischen Schwung und neue Energie. Es gibt unzählige Möglichkeiten, wie du dir Bewegung verschaffen kannst. Einige Teenager mögen Mannschaftssportarten. Andere laufen lieber oder wandern. Manche fahren gerne Rad oder Skateboard, tanzen oder gehen ins Fitness-Studio. Und viele bewegen sich am liebsten an der frischen Luft. Ideal ist es, wenn du dreimal in der Woche jeweils 30 Minuten lang trainierst. Such dir etwas, das dir wirklich Spaß macht. Du wirst sehen, dann ist es gar nicht schwer, konsequent dranzubleiben und regelmäßig für Bewegung zu sorgen.

## Deine Ausstrahlung ist wichtiger als dein Aussehen

Unsere Gesellschaft ist geradezu besessen vom Thema »Aussehen«. Doch: Was du im Netz, auf den Bildschirmen und in den Zeitschriften zu sehen bekommst, entspricht selten der Wirklichkeit. Die Bilder wurden fast immer bearbeitet, um die muskelbepackten Kerle noch muskulöser und die superschlanken Frauen noch dünner aussehen zu lassen. Im wahren Leben sehen diese Leute auch nicht »besser« aus als du. Der einzige Unterschied ist, dass sie eine Crew von Make-up-Artisten um sich haben, die ihnen jeden noch so kleinen vermeintlichen Makel wegretuschieren.

Nimm dich so an, wie die Natur dich geschaffen hat. Viele Menschen lieben lockiges Haar, Sommersprossen oder eine Lücke zwischen den Schneidezähnen! Wichtig ist nicht, wie du aussiehst, sondern, dass du dich in deinem Körper *wohlfühlst*. Deine Ausstrahlung spricht am Ende eine viel deutlichere Sprache als dein Aussehen.

### Hier ist Vorsicht geboten!

Bei vielen dreht sich alles nur ums Aussehen. Sie tun alles dafür, um abzunehmen und einen durchtrainierten Körper zu haben. Oft sind die Abhängigkeit von Steroiden und anderen leistungssteigernden Substanzen oder schwerwiegende Essstörungen wie Bulimie und Magersucht die Folge. Essstörungen sind keine Seltenheit und nichts, womit du dich verstecken müsstest. Wichtig ist, dass du dir selbst das Problem eingestehst und Hilfe suchst – bei Freunden, Familienangehörigen oder in Gruppen, die auf diese Dinge spezialisiert sind.

## »Ich kann jederzeit damit aufhören«

Alkohol, Drogen oder Tabak: Mit süchtig machenden Substanzen kannst du deinem Körper großen Schaden zufügen. Bei den drei häufigsten Todesursachen von Jugendlichen – Autounfällen, Selbstmord und Mord – ist oft Alkohol im Spiel. Die negativen Folgen des Rauchens sind allgemein bekannt: Es schädigt die Augen, lässt die Haut vorzeitig altern, verfärbt Zähne und Fingerspitzen gelb, verursacht schlechten Atem, führt zu Karies und Zahnfleischproblemen und ruft Müdigkeit hervor. Zudem verursacht das Rauchen Krebs.

Natürlich will niemand süchtig werden. Meistens fängt es ganz harmlos an. Doch auf »Einstiegsdrogen« wie Alkohol und Tabak folgen oft härtere Drogen wie Marihuana und schließlich potenziell tödliche Drogen wie Kokain, Heroin, Opiate, LSD oder Crystal Meth.

Viele fangen mit dem Trinken, Rauchen oder Drogenkonsum an, weil sie den anderen beweisen wollen, dass sie *frei* sind. Doch irgendwann müssen sie feststellen, dass genau das Gegenteil der Fall ist. Denn sie sind abhängig und können sich nicht aus ihrer Sucht befreien.

Das Schlimmste an einer Sucht ist, dass du *keine Kontrolle* mehr über dich hast. Deine Abhängigkeit übernimmt das Steuer. Du tust, was sie dir befiehlt. Die Idee mit der Pro-Aktivität kannst du dann vergessen. Wir denken immer, dass nur die anderen süchtig werden. Uns selbst würde das natürlich nicht passieren. Wir können jederzeit wieder aufhören. In Wirklichkeit ist das aber sehr schwer. Nur 25 Prozent der Jugendlichen, die mit dem Rauchen aufhören wollen, schaffen es tatsächlich. Die folgende Geschichte zeigt, wie schwer es ist, eine Sucht zu besiegen:

*Bis ich 14 war, hatte ich keine Erfahrung mit Drogen oder Alkohol. Ich wusste überhaupt nicht, was Drogen sind, und interessierte mich auch nicht dafür. Schließlich erzählten alle ständig, wie schlimm und gefährlich Drogen waren. Dann sagte mein Freund: »Hier, probier das mal! Das Zeug ist voll gut.« Also nahm ich es. Am Anfang wollte ich einfach bloß cool sein. Danach war es aber nicht mehr der Gruppenzwang, sondern ich ganz allein!*

*Immer öfter griff ich zu Drogen und Alkohol. Meine Schulnoten sackten ab. Mit meinen Eltern und meinen Freunden hatte ich ständig Streit. Es war einfach schrecklich. Meine Einstellung zu den Dingen änderte sich radikal – ich sah fast alles nur negativ.*

*Nachdem ich mit den Drogen und dem Alkohol angefangen hatte, bekam ich auch körperliche Probleme. Ich war ständig müde und erschöpft. Und noch etwas war anders: Ich hatte mich und meine Gefühle nicht mehr im Griff. Wenn ich zum Beispiel nach Hause kam und keine Zahnpasta mehr da war, brach ich in Tränen aus. Schon beim kleinsten Anlass ging ich hoch wie eine außer Kontrolle geratene Rakete.*

*Kurz nach meinem 17. Geburtstag wurde ich in der Schule mit Drogen erwischt und für eine Woche vom Unterricht ausgeschlossen. Ich wusste, dass ich mein Leben wieder in Ordnung bringen musste. Also versuchte ich, mit dem Alkohol und den Drogen aufzuhören. Aber allein schaffte ich es nicht. Also begann ich, mich von meinen alten Freunden fernzuhalten. Stattdessen ging ich zu den Anonymen Alkoholikern. Hier bekam ich einen Betreuer. Alkoholismus verfolgt dich dein ganzes Leben lang. Ein einziges Glas genügt – und du machst alles zunichte, was du dir bis dahin mühsam wieder aufgebaut hast.*

*Viele meiner Freunde bei den Anonymen Alkoholikern hatten Rückfälle und hängen inzwischen wieder an der Flasche. Ich hatte Glück. Mein Betreuer ist mir eine große Hilfe. Seit ich bei den Anonymen Alkoholikern bin, geht es mir so gut wie nie zuvor. Ich trinke nicht und nehme keine Drogen. Mit meiner Familie komme ich wieder viel besser klar. Und ich gehe auch wieder zur Schule. Langsam werden meine Noten besser. Manchmal denke ich sogar, ob ich nicht aufs College gehen und all die Dinge tun sollte, die ich mir früher niemals vorstellen konnte.*

## Finger weg von Drogen!

Die Finger von Drogen zu lassen, ist leichter gesagt als getan. Wenn du das nächste Mal in Versuchung bist, dich dem Gruppendruck zu beugen und zu Alkohol, Zigaretten oder Drogen zu greifen, solltest du Folgendes versuchen*:

---

* Die Schritte stammen aus dem Refusal-Skill-Modell der Comprehensive Health Education Foundation (C.H.E.F.®), das für C.H.E.F.®, Seattle, WA, urheberrechtlich geschützt ist. Ohne ausdrückliche schriftliche Genehmigung von C.H.E.F.® ist jeder Nachdruck verboten. Für die Verwendung hier liegt die Genehmigung von C.H.E.F.® vor. Alle Rechte vorbehalten.

### 1. Stell dir Fragen

Stell dir Fragen, die dich dazu zwingen, ernsthaft darüber nachzudenken, was du da gerade tun willst:

- *»Weshalb sollte ich rauchen wollen?«*
- *»Was wird mit mir passieren, wenn ich mich heute Nacht mit Drogen oder Alkohol zudröhne?«*

### 2. Benenne das Problem

Mach dir bewusst, was genau du tust:

- *»Drogen sind verboten.«*
- *»Rauchen ruiniert meine Zähne und macht schlechten Atem.«*

### 3. Denk an die Konsequenzen

Führ dir klar vor Augen, welche negativen Konsequenzen dein Verhalten nach sich zieht:

- *»Wenn sie mich mit Drogen erwischen, werde ich vielleicht verhaftet.«*
- *»Wenn ich mich heute Abend volllaufen lasse, könnte mir etwas Schlimmes passieren.«*

### 4. Schlag was anderes vor

Leg dir schon vorher Alternativen zurecht, mit denen du deine Freunde umstimmen kannst:

- *»Was haltet ihr davon, wenn wir stattdessen ins Kino gehen?«*
- *»Nein, ich möchte lieber Basketball spielen.«*

### 5. Mach dich aus dem Staub

Falls du dich in einer Situation wiederfindest, die dir nicht ganz geheuer ist, mach dir keine Gedanken darüber, was die anderen wohl von dir denken könnten. Mach dich aus dem Staub – und zwar schnell:

- *»Tut mir leid, Leute, aber ich muss jetzt weg!«*

Nutze deine ganze Kreativität und überleg dir, was du tun kannst, um Drogen aus dem Weg zu gehen. Du hast auch nichts davon, wenn du es »nur mal ausprobierst«. Der kurzfristige Kick ist den langfristigen Schaden, den du dir damit einhandelst, einfach nicht wert. Wenn du auf Dauer ohnehin nicht vorhast zu rauchen, zu trinken und Drogen zu nehmen, warum fängst du dann überhaupt damit an? Und falls es schon passiert ist, habe ich eine dringende Bitte: Hol dir Hilfe, und versuch, so schnell wie möglich wieder von dem Zeug loszukommen!

## Gib deinem Verstand, was er braucht

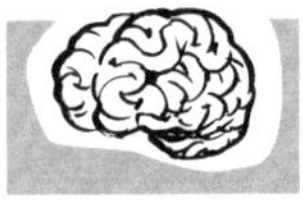

Vielleicht kennst du die Geschichte von dem jungen Mann, der zu dem Philosophen Sokrates kommt und sagt: »Ich will alles wissen, was du weißt.«

»Wenn das dein Wunsch ist«, antwortet Sokrates, »so folge mir hinunter zum Fluss.« Neugierig geht der junge Mann mit Sokrates zum Fluss. Als sie am Ufer sitzen, sagt Sokrates:

»Schau dir das Wasser genau an, und sag mir, was du siehst.«

»Ich sehe nichts«, entgegnet der Mann.

»Dann schau genauer hin.«

Der junge Mann beugt sich über das Wasser. Da nimmt Sokrates seinen Kopf und drückt ihn unter Wasser. Der junge Mann versucht, sich zu befreien. Aber Sokrates ist stärker. Kurz bevor dem Mann die Luft ausgeht, zieht Sokrates ihn aus dem Wasser und legt ihn auf das Ufer.

Hustend japst der Mann: »Bist du verrückt? Willst du mich umbringen?«

»Als dein Kopf unter Wasser war, was wolltest du da mehr als alles andere?«, fragt Sokrates.

»Ich wollte atmen. Ich wollte Luft!«, schreit der Mann.

»Mach nie den Fehler, zu denken, Weisheit wäre leicht zu bekommen«, sagt Sokrates. »Wenn dein Wunsch nach Weisheit genauso stark ist wie dein Verlangen nach Luft, dann komm wieder.«

Was ich dir mit dieser Geschichte sagen will? Ganz einfach: Wir bekommen nichts im Leben geschenkt. *Alles hat seinen Preis.* Bitte merk dir das gut. Schreib es auf. Unterstreich es ganz dick. Was auch immer die Leute sagen – es gibt nichts umsonst!

Der junge Mann war so naiv, zu glauben, er könnte das Wissen eines ganzen langen Lebens bekommen, ohne den Preis dafür zu zahlen. Mindestens genauso naiv ist es, wenn wir denken, dass wir einen guten Job und eine aussichtsreiche Zukunft haben können, ohne etwas für unseren Verstand zu tun und das nötige Wissen zu erwerben!

## Wissen ist der Schlüssel zu deiner Zukunft

Von der grauen Masse zwischen deinen Ohren hängt deine gesamte Zukunft ab. Deshalb: Tu etwas für deinen Verstand. Ob Schule, Hobbys, Nebenjobs, Vorträge, Bücher oder was auch immer: Bau dein Wissen gezielt aus.

Im Zuge der Recherchen zu diesem Buch fragte ich einige Teenager: »Wovor habt ihr Angst?« Zu meiner Überraschung sagten viele: »Vor dem Stress, der damit verbunden ist, in der Schule gut zu sein, zu studieren, um später einen vernünftigen Job zu bekommen.« Einer wollte wissen: »Was kann ich tun, damit ich später eine Arbeit finde, von der ich leben kann?« Meine Antwort ist: Tue was für deinen Kopf. Das ist mit Abstand das Beste, was du machen kannst, um dir einen tollen Job zu sichern und gutes Geld zu verdienen.

Aber wie kannst du deinen Verstand schärfen? Das bedeutet nicht nur, sich eines Tages ein Diplom an die Wand hängen zu können. Auch wenn das natürlich nicht ganz unwichtig ist. Du musst deinen Kopf trainieren. Er muss sich konzentrieren, er muss Schlüsse ziehen, schreiben, sprechen, analysieren, forschen, sich etwas vorstellen und noch viele andere Dinge können. Und eins ist sicher: Ohne Übung funktioniert das alles nicht. Deshalb lautet mein Tipp für dich: Eigne dir so viel Wissen und Bildung an, wie du nur kannst.

Ob ein Universitätsabschluss, ein duales Studium, eine Lehre oder auch eine Ausbildung bei der Bundeswehr: Alles, was über die Schule hinausgeht, wird sich früher oder später bezahlt machen. Betrachte es einfach als lohnende Investition in deine Zukunft!

Leider hängen viele ihre Ausbildung an den Nagel – und das aus völlig blödsinnigen Gründen. Einige träumen von einer Karriere als Musiker, Model oder Sportler. Andere sind geradezu besessen von ihrem Nebenjob, ihrer Freundin oder ihrem Auto. Und manche denken schlicht, sie bräuchten keine Ausbildung, weil sie auch so einen Job finden könnten. Doch die Statistiken zeigen, dass Universitätsabsolventen im Schnitt doppelt so viel verdienen wie Schulabgänger ohne weitere Ausbildung. Und die Schere klafft immer weiter auseinander. Deshalb solltest du auf keinen Fall auf eine gute Ausbildung verzichten – schon gar nicht aus Kostengründen! Oder um es mit den Worten von Derek Bok, dem früheren Rektor der renommierten Harvard University, zu sagen: »Sie finden Bildung teuer? Dann sehen Sie sich doch mal an, was Unwissenheit kostet!«

## Tu was für deinen Verstand

Es gibt unzählige Möglichkeiten, wie du dein Wissen ausbauen und deinen Verstand schärfen kannst. Eine einfache, aber sehr effektive Methode ist das Lesen. Wie heißt es so schön: Lesen ist für den Kopf, was Bewegung für den Körper ist. Hier sind ein paar weitere Möglichkeiten, wie du deinen Verstand trainieren kannst. Und ich wette, dir fallen bestimmt noch viele andere ein, wenn du ein bisschen nachdenkst:

- Unternimm Reisen.
- Leg einen Garten an.
- Besuch Volkshochschulkurse.
- Schau dir Dokumentarsendungen an.
- Erforsch deine Familiengeschichte.
- Erlern eine Fremdsprache.
- Schreib eine Geschichte, ein Gedicht oder ein Lied.
- Beschäftige dich mit Kreuzworträtseln, Sudoku und Co.
- Spiel Schach mit jemandem, der nicht so leicht zu besiegen ist.
- Geh in ein Museum oder eine Kunstausstellung.
- Sieh dir eine Ballettaufführung, eine Oper oder ein Theaterstück an.
- Lerne, ein Musikinstrument zu spielen.

## Finde deine Nische

Sicher hast du in der Schule Fächer, die du nicht besonders magst. Wie wäre es, wenn du dein Wissen in den Fächern ausbaust, die dir wirklich Spaß machen? Beleg zusätzliche Kurse, lies Bücher und schau dir Filme zu interessanten Themen an. Warte nicht darauf, dass dir in der Schule alles vorgekaut wird. Such dir auch noch andere Wissensquellen. Betrachte einfach die ganze Welt als deine »Schule«!

Auch wenn es in der Schule mal nicht so gut läuft, solltest du nicht gleich aufgeben. Mach lieber weiter. Irgendwann wirst du mit Sicherheit etwas finden, was dir Spaß macht und was du richtig gut kannst. Nimm dir einfach ein Beispiel an der Geschichte von Ben. Auch er brauchte lange, um seine Nische zu finden:

*Bis ich in die Schule kam, war ich ein glückliches Kind. Doch dann merkten die anderen, wie schwer mir das Lernen fiel. In Mathe, Englisch und Grammatik war ich sehr langsam. Außerdem hatte ich große Mühe mit dem Lesen. Deshalb machten sich meine Mitschüler über mich lustig.*

*Ein Erlebnis werde ich nie vergessen. Als wir in Gruppen aufgeteilt wurden, stand ein Mädchen auf, zeigte mit dem Finger auf mich und rief: »Mit dem Schwachkopf da will ich nicht in eine Gruppe!«*

*Irgendwann kam dann ein sogenannter Lernexperte zu uns nach Hause. Er machte einige Tests mit mir und sagte zu meiner Mutter, dass ich nie richtig lesen können würde. Sie war darüber so wütend, dass sie ihn rauswarf.*

*Als ich auf der High School war, änderte sich eines Tages alles: Ich blätterte in einem Science-Fiction-Buch und stellte fest, dass es mir plötzlich ganz leichtfiel, zu lesen! Die Geschichten regten meine Fantasie an und die Worte wurden in meinem Kopf zu Bildern. Ich las alle Bände aus der Science-Fiction-Reihe. Danach nahm ich mir andere Bücher vor. Auf einmal fand ich es total spannend, zu lesen und zu lernen. Mein Wortschatz vergrößerte sich. Ich fing an, immer besser zu lesen, zu sprechen und zu schreiben.*

*Ungefähr zur gleichen Zeit entdeckte ich mein künstlerisches Talent. Ich merkte, dass ich einen außergewöhnlich guten Blick für Formen und Farben habe. Zeichnen und Malen wurden meine große Leidenschaft. Und auch mit dem Schreiben klappte es immer besser. Es machte mir sogar Spaß, Gedichte und Geschichten über meine Erlebnisse und Erfahrungen rund ums Lernen zu schreiben. Am Ende meiner Zeit in der High School hatte ich zahlreiche Kunstwettbewerbe gewonnen – und auch sehr viel Selbstvertrauen!*

## Dir stehen alle Möglichkeiten offen

Natürlich sind Noten wichtig. Doch gute Zensuren sind längst nicht alles. Viel wichtiger ist echte Bildung. Vergiss also nie, warum du zur Schule gehst: um fürs Leben zu lernen!

Mach dir auch nicht zu viele Gedanken, was die Wahl deiner Hauptfächer und Leistungskurse in der Schule betrifft. Wenn du lernst, deinen Verstand einzusetzen, stehen dir nach der Schule alle Möglichkeiten offen. Die Vergabestellen von Studienplätzen, private Hochschulen und potenzielle Arbeitgeber interessieren sich vor allem für folgende Punkte:

- **Motivation:** Wie sehr wünschst du dir, ausgerechnet diesen Job zu machen, auf diese Schule zu gehen oder an diesem Programm teilzunehmen?
- **Standardisierte Tests:** Wie gut schneidest du in deinem Eingangstest ab?
- **Außerschulisches Engagement:** Was hast du neben der Schule noch gemacht – Sport, Praktika, Jobs, Vereine, Schülermitverwaltung, Theater, soziales Engagement …?
- **Empfehlungsschreiben:** Was sagen andere, beispielsweise deine Lehrer, Arbeitgeber oder Kollegen, über dich? Wer legt für dich ein gutes Wort ein?
- **Notendurchschnitt:** Wie gut warst du in der Schule?
- **Kommunikationsfähigkeiten:** Wie gut kannst du dich schriftlich und mündlich ausdrücken?

Auch wenn dein Notendurchschnitt schlechter ist, als du dir erhofft hattest, musst du nicht gleich den Kopf in den Sand stecken. Wenn du in anderen Bereichen richtig gut bist, kannst du trotzdem in erstklassige Förderprogramme aufgenommen werden oder einen tollen Job bekommen. Wichtig ist, dass du zeigst, dass es sich lohnt, dich zu fördern.

## Hindernisse überwinden

Wer versucht, seinen Verstand auf Trab zu bringen, muss mehrere Barrieren überwinden. Die drei höchsten Hindernisse sind:

### 1. Bildschirmzeit

Ob Computer, Smartphone, Tablet, Spielekonsole, Filmleinwand oder Fernseher: Hier geht's um die Zeit, die du vor Bildschirmen jeder Art verbringst. *Etwas* Bildschirmzeit ist okay. Aber zu viel davon lässt deinen Verstand abstumpfen. 60 Prozent der Jugendlichen sagen selbst, dass zu viel online verbrachte Zeit zu den größten Problemen ihrer Altersgruppe gehört. Denk doch nur mal dran, was du mit der Bildschirmzeit alles machen könntest, wenn du sie für produktive Dinge wie lesen, Sport treiben oder Sprachen lernen nutzen würdest. Mein Tipp: Setz dir Zeit-Limits für deine Bildschirmaktivitäten und halte dich auch daran.

### 2. Streber-Syndrom

Manche Teenager wollen in der Schule nicht zu gut sein, um nicht als »Streber« verschrien zu werden. Einige Mädchen haben mir auch erzählt, dass sie nicht intelligent wirken wollen, weil das die Jungs abschrecken könnte. Herrje, wenn sich jemand durch Intelligenz einschüchtern lässt, dann sagt uns das doch vor allem etwas über *seinen* Mangel an kleinen grauen Zellen. Du solltest auf deinen Verstand und die Tatsache, dass dir deine Ausbildung wichtig ist, stolz sein. Viele wohlhabende und erfolgreiche Leute galten in ihrer Schulzeit als Streber – na und!

### 3. Erwartungsdruck

Einige Jugendliche haben Angst, in der Schule gut zu sein, weil das natürlich große Erwartungen weckt. Wenn man einmal eine besonders gute Note bekommt, erwarten viele, dass das nun immer so weitergeht. So gerät man ganz schnell unter Druck. Ist man dagegen nicht allzu gut, dann sind die Erwartungen auch nicht so hoch. Doch der Stress, der aus guten Noten entsteht, ist viel leichter auszuhalten als das schlechte Gewissen darüber, dass man nicht sein Bestes gibt. Also, mach dir keine Sorgen wegen des Erwartungsdrucks. Damit wirst du fertig!

## Wo ein Wille ist, da ist auch ein Weg

Den Schlüssel, um deinen Verstand zu schärfen, hältst du selbst in der Hand: Du musst es wirklich wollen! Du musst den festen Willen haben, zu lernen. Und du musst auch bereit sein, den Preis dafür zu zahlen. Die folgende Geschichte handelt von jemandem, der ein unbändiges Bedürfnis hatte zu lernen, aber allein schon fürs Lesen einen sehr hohen Preis zahlen musste:

*Mein Vater öffnete die Küchentür und ertappte mich auf frischer Tat. Es war zu spät, um das Buch zu verstecken – es lag offen auf meinem Schoß. Mein Vater war betrunken, sein Gesicht rot angelaufen. Er baute sich vor mir auf, wütend, bedrohlich. Meine Beine fingen an zu zittern. Ich wusste, dass er mich verprügeln würde. Es gab kein Entkommen – mein Vater hatte mich beim Lesen erwischt …*

*Damals war ich neun Jahre alt. Mein Vater war Alkoholiker. Er hatte mich schon oft geschlagen, und es wurde immer schlimmer, bis ich schließlich mit 16 von der High School abging und von zu Hause auszog.*

*Dass es ihn so wütend machte, wenn ich las, war das Allerschlimmste für mich. Es war noch viel schrecklicher als all die anderen Misshandlungen. Denn ich konnte einfach nicht mit dem Lesen aufhören. Bücher zogen mich magisch an. Ich war neugierig auf sie und hatte den unbezwingbaren Drang, ganz in sie einzutauchen und mir vorzustellen, irgendwo anders zu sein. Deshalb widersetzte ich mich meinem Vater – auch wenn ich dafür manchmal einen sehr, sehr hohen Preis zahlen musste. Die Sache war es mir einfach wert.*

Dieser Bericht stammt aus dem Buch *Read with Me* von Walter Anderson.* Anderson ist heute ein erfolgreicher Publizist und Verleger. Er sitzt im Vorstand vieler Organisationen, die das Lesen fördern, und hat mehrere Bücher geschrieben.

Und wie sieht es mit dir aus? Falls du noch keine Leseratte bist, dann fang damit an: Es ist nie zu spät. Bring deine grauen Zellen auf Vordermann, dann wird die Zukunft dir sicher viele Chancen bieten.

## Gib deinem Herzen, was es braucht

Hast du auch schon mal gedacht, in einer Achterbahn der Gefühle zu sitzen – an einem Tag ganz oben, am nächsten ganz unten? Hast du geglaubt, dass du der launischste Mensch der Welt bist und deine Gefühle einfach nicht unter Kontrolle hast? Willkommen im Klub! Solche turbulenten Achterbahnfahrten sind für Teenager ziemlich normal. Dein Herz ist nämlich sehr sprunghaft. Und es braucht ständig Nahrung und Pflege – genau wie dein Körper.

In Herzensangelegenheiten kannst du die Säge am besten schärfen, indem du dich um den Aufbau und die Pflege von Beziehungen zu

* Walter Anderson, *Read with Me*. Boston 1990.

anderen Menschen kümmerst. Das beste Mittel dazu sind regelmäßige Einzahlungen auf deine Beziehungskonten und dein Selbstwertkonto. Deshalb sehen wir uns diese Einzahlungen jetzt noch mal näher an:

### Einzahlungen auf ein Beziehungskonto

- Halte deine Versprechen.
- Mach anderen eine Freude und sei nett zu ihnen.
- Verhalte dich anderen gegenüber loyal.
- Hör anderen aufmerksam zu.
- Entschuldige dich, wenn du etwas verbockt hast.
- Sei offen und ehrlich zu anderen.

### Einzahlungen auf dein Selbstwertkonto

- Halte Versprechen, die du dir selbst gegeben hast.
- Sei freundlich zu anderen.
- Geh nachsichtig mit dir selbst um.
- Sei aufrichtig und ehrlich.
- Achte auf dich und deine Gesundheit.
- Nutze deine Talente und mach was daraus.

Sicher ist dir schon aufgefallen, wie ähnlich die Einzahlungen auf die Beziehungskonten und auf dein Selbstwertkonto sind. Das liegt daran, dass deine Einzahlungen auf die Konten von anderen meistens auch auf deinem eigenen Konto landen.

Versuch, jeden Tag Einzahlungen zu machen und dauerhafte Freundschaften aufzubauen. Hör einem Freund, deinem Vater, deiner Mutter oder deinen Geschwistern aufmerksam zu, ohne irgendwas dafür zu erwarten. Mach heute einigen Leuten ein nettes Kompliment. Setz dich für jemanden ein, oder komm pünktlich zu der Zeit nach Hause, die du mit deinen Eltern vereinbart hast. Du wirst erstaunt sein, wie glücklich du andere und dich selbst machen kannst, wenn du mit positiven Gefühlen durch den Tag gehst.

## Sorg gut für dein Herz

Wenn du gut für dein Herz sorgen willst, solltest du ein paar Punkte bedenken:

### Sex und Freundschaften

Ein Mädchen erklärte: »Es spielt keine Rolle, welche Art von Beziehung wir haben oder was unsere Religion dazu sagt ... Sex liegt immer in der Luft. Ob wir zu zweit im Auto oder zu Hause auf der Couch sitzen – das Thema schwingt immer mit.«

Sex hat mit sehr viel mehr zu tun als mit deinem Körper. Dein Herz ist genauso beteiligt. Wie du mit Sex umgehst, hat mehr Einfluss auf dein Selbstbild und deine Beziehungen zu anderen Menschen als jede andere Entscheidung, die du triffst. Bevor du dich entschließt, Sex mit jemandem zu haben oder eine sexuelle Beziehung fortzusetzen, solltest du dein Herz befragen und es dir sehr gut überlegen. Der folgende Auszug aus einem von Journeyworks Publishing herausgegebenen Informationsblatt könnte dir dabei helfen:

**Du solltest es dir dreimal überlegen, ob du Sex haben willst, wenn ...**

- für dich Sex und Liebe das Gleiche sind,
- du dich zum Sex gedrängt fühlst,
- du dich nicht traust, Nein zu sagen,
- du denkst, dass alle anderen es auch machen (übrigens: stimmt das gar nicht!),
- eine innere Stimme dich warnt,
- du in Sachen Verhütungsmethoden unsicher bist,
- du glaubst, dass Frauen beim ersten Mal nicht schwanger werden können (auch das ist ein Irrtum!),

- es gegen deine moralischen oder religiösen Überzeugungen ist,
- du beim Thema Sex rot wirst,
- du im Fall der Fälle nicht für dich und dein Kind sorgen könntest,
- du dich mit den möglichen Anzeichen sexuell übertragbarer Krankheiten nicht auskennst,
- du es nur tust, damit dein Partner dich liebt,
- du betrunken bist,
- dein Partner getrunken hat,
- du erwartest, dass es absolut perfekt sein muss,
- ihr nicht über ungeschickte Ellbogen und widerspenstige Kleidung gemeinsam lachen könnt,
- du glaubst, dass nur andere sich mit HIV infizieren und an AIDS erkranken,
- du nicht weißt, dass man sich nur auf eine einzige Weise hundertprozentig vor sexuell übertragbaren Krankheiten und ungewollten Schwangerschaften schützen kann: durch den Verzicht auf Sex,

- es furchtbar für dich wäre, wenn deine Eltern es herausfinden würden,

- du es nur machst, um deine Beliebtheit bei anderen zu steigern,
- du denkst, du wärst es deinem Partner »schuldig«,
- du es peinlich findest, dass du noch keinen Sex hattest,
- dir an dem Partner gar nichts liegt,
- du gar nicht abwarten kannst, es anderen zu erzählen,
- du hoffst, dass es unter euch bleibt.

**Es ist völlig okay, noch zu warten!**



## Du wirst es schaffen!

Manchmal deprimiert zu sein, ist total normal. Zwischen gelegentlichem Trübsalblasen und einer echten Depression besteht jedoch ein himmelweiter Unterschied. Wenn das Leben für dich schon länger eine unerträgliche Last ist und du das Gefühl der Hoffnungslosigkeit einfach nicht abschütteln kannst, ist die Situation wirklich ernst. Zum Glück kann man Depressionen behandeln. Such dir so schnell wie möglich Hilfe. Geh zu einem Arzt oder einem Therapeuten.

Falls du an Selbstmord denkst, hör mir jetzt bitte genau zu: *Wirf dein Leben nicht weg!* Du wirst es schaffen. Es wird besser werden. Das verspreche ich dir. Du wirst gebraucht. Die schlechten Zeiten werden vorbeigehen, denn das tun sie immer.

Eines Tages wirst du auf deine heutige Situation zurückblicken und froh darüber sein, dass du nicht aufgegeben hast. Denk daran, dass die Kämpfe, die du jetzt ausfechten musst, dir letztlich viel Kraft geben werden. Der Philosoph Khalil Gibran schreibt: »Der Brunnen, aus dem unser Lachen aufsteigt, war oft mit unseren Tränen gefüllt. Je tiefer das Leid sich in unsere Seele gräbt, desto mehr Freude kann es hervorbringen.«

## Vergiss nicht zu lachen!

Zu guter Letzt noch ein Tipp, wie du dein Herz gesund und stark halten kannst: Lache! Nein, kein Scherz ... lache! Hakuna Matata! Don't worry, be happy!

Leider vergessen wir im Laufe der Jahre, was unsere Kindheit so verzaubert hat. Eine Studie hat ergeben, dass wir im Kindergartenalter ungefähr 300 Mal am Tag lachen. Erwachsene hingegen lachen nur noch 17 Mal am Tag. Kein Wunder, dass Kinder so viel glücklicher sind!

Weshalb sind wir so ernst? Vielleicht, weil man uns beigebracht hat, dass lachen kindisch sei. Deshalb müssen wir uns an den Rat des großen Jedi-Meisters Yoda halten und das, was wir gelernt haben, ganz schnell vergessen. Wir müssen wieder viel mehr lachen.

In einem lesenswerten Aufsatz, der in der Zeitschrift *Psychology Today* erschienen ist, schreibt Peter Doskoch über die Kraft des Humors. Hier sind seine wichtigsten Erkenntnisse:

**Lachen ...**

- hilft uns, kreativer zu denken,
- lässt uns Alltagsprobleme besser ertragen,
- verlangsamt den Herzschlag und senkt den Blutdruck,
- schafft Gefühle der Verbundenheit und lindert Einsamkeit,
- setzt Endomorphine, die natürlichen Schmerzmittel des Gehirns, frei.

Außerdem ist erwiesen, dass Lachen gut für unsere Gesundheit ist und Heilungsprozesse beschleunigt. Ich habe von mehreren Leuten gehört, dass sie mithilfe einer Lachtherapie ernste Krankheiten besiegt haben. Lachen kann auch ein gutes Mittel sein, um angeschlagene Beziehungen wieder ins Lot zu bringen. Der Entertainer Victor Borge sagte einmal völlig zu Recht: »Lachen ist die kürzeste Entfernung zwischen zwei Menschen.«

Möchtest du wieder mehr lachen? Dann solltest du dir eine »Humor-Sammlung« zulegen. Lustige Bücher, Comics, Meme, YouTube-Videos oder Satire-Podcasts: Sammle alles, was dich zum Lachen bringt. Ich zum Beispiel habe eine Vorliebe für alberne Filme. Es gibt ein paar Schauspieler, die mich schon zum Lachen bringen, wenn ich nur an sie denke. Wann immer ich eine kleine »Aufheiterung« gebrauchen kann, sehe ich mir ihre Filme an.

Und noch ein Tipp: Lerne, über dich selbst zu lachen, wenn du dich mal wieder ziemlich doof anstellst oder dir was Komisches passiert. Denn das wird ganz sicher immer wieder vorkommen.

## Gib deiner Seele, was sie braucht

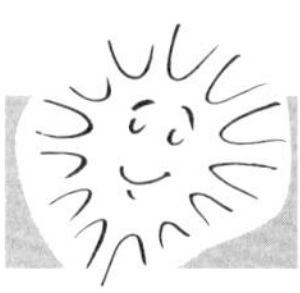

Was berührt deine Seele? Ein gefühlvoller Song? Ein gutes Buch? Kommt es vor, dass du bei einem Film weinen musst? Deine Seele ist dein innerstes Selbst. Es ist tief unter der Oberfläche deines Alltags-Ichs verborgen. Hier liegen deine tiefsten Werte und Überzeugungen. Deine Seele ist die Quelle, aus der du deinen Lebenssinn und deine innere Ruhe beziehst. Aber wie schärfst du deine Säge im Hinblick auf deine Seele? Das machst du, indem du dir Zeit nimmst, um dich zu erholen, dich zu erneuern und auf deine innere Stimme zu hören.

### Tu deiner Seele was Gutes

In meiner Teenager-Zeit hat es mir gutgetan, Tagebuch zu schreiben, meine Lieblingsmusik zu hören oder in den Bergen Zeit allein zu verbringen. Das war wichtig für mich, um meine Seele zu erneuern, auch wenn mir das damals noch gar nicht bewusst war. Deine Seele ist ein sehr privater Bereich in deinem Leben. Du kannst ihr auf unterschiedliche Art und Weise etwas Gutes tun. Hier sind ein paar Ideen. Du kannst ...

- meditieren,
- anderen helfen,
- Tagebuch schreiben,
- spazieren gehen,
- inspirierende Artikel und Bücher lesen,
- malen und zeichnen,
- beten oder dich auf andere Weise religiös betätigen,
- Gedichte schreiben oder Musikstücke komponieren,
- ein Instrument spielen,
- dir Gedanken zu deinen Zielen oder deinem Leitbild machen.

Die folgenden Wege, um deiner Seele Nahrung zu geben, möchte ich dir besonders ans Herz legen:

### Die heilende Kraft der Natur

Sich in der Natur aufzuhalten, hat etwas Magisches, das mit nichts anderem zu vergleichen ist. Auch wenn du mitten in der Stadt wohnst und es weit und breit keine Flüsse, Seen oder Berge gibt, wird sicher ein Park in der Nähe sein.

Wie groß die heilenden Kräfte der Natur sind, hat auch Ryan erfahren. Ryan hat in seiner Jugend sehr unter den schwierigen Verhältnissen, die in seiner Familie herrschten, gelitten:

*Als ich auf der High School war, kam irgendwann ein Punkt, an dem einfach alles um mich herum einzustürzen schien. In dieser dunklen Zeit habe ich »meinen« Platz am Fluss entdeckt. Nichts Besonderes, einfach nur ein Stück Ufer unter ein paar Bäumen auf dem Land eines alten Bauern. Doch es wurde mein Zufluchtsort. Dort war niemand. Ich konnte keinen Menschen hören. Ein wundervoller Ort!*

*In meiner Familie herrschte das totale Chaos. Wenn mir alles zu viel wurde, ging ich zum Fluss. Beim Schwimmen hatte ich das Gefühl, völlig im Einklang mit der Natur zu sein.*

*Mein Platz hat kein Urteil über mich gefällt. Er hat mir nicht gesagt, was ich tun soll. Er war einfach bloß da. Und ich bin seinem Beispiel gefolgt. Ich bin in den Frieden und die Gelassenheit dort eingetaucht. Mehr habe ich nicht gebraucht, um zur Ruhe zu kommen. Am Fluss hatte ich das Gefühl, dass alles wieder gut werden würde.*

## Dein bester Freund – das Tagebuch

Auch ein Tagebuch kann wahre Wunder für deine Seele bewirken. Es kann dein Trostspender werden, dein bester Freund, der einzige Ort, an dem du deinen Gefühlen offen Ausdruck verleihen kannst – egal, wie wütend, glücklich, verängstigt, verliebt oder unsicher du gerade bist. Deinem Tagebuch kannst du alles anvertrauen. Es wird dir ganz ruhig zuhören, dir nicht ins Wort fallen und dir nicht widersprechen. Und es wird auch nicht hinter deinem Rücken über dich herziehen.

Deine Gedanken aufzuschreiben, kann dir Klarheit bringen, dein Selbstvertrauen stärken, dir Mut machen und dir helfen, zu dir selbst zu finden.

Wenn du ein Tagebuch führst, erkennst du auch, wie du dich im Laufe der Zeit weiterentwickelt hast. Frühere Einträge zu lesen, macht nicht nur Spaß, sondern ist auch höchst aufschlussreich. Du wirst sehen, wie sehr du gewachsen bist und wie unwissend und naiv du früher einmal geklungen hast.

Es gibt keine Vorschrift, wie ein Tagebuch auszusehen hat. Du kannst Erinnerungsstücke hineinkleben – beispielsweise Fotos, Eintrittskarten oder Liebesbriefe. Allison beschreibt kleine Notizzettel und sammelt sie in einer Schachtel, die sie ihr »heiliges Kästchen« nennt. Cassie schöpft Kraft, indem sie ein »Dankbarkeitsbuch« führt:

*Ich habe ein Buch, das mir hilft, positiver in den Tag zu gehen. Wenn ich während des Tages etwas Schönes erlebe, für das ich dankbar bin, schreibe ich es auf. Seit ich dieses Buch habe, fühlt sich das Leben für mich viel besser an. Jetzt achte ich viel bewusster auf die guten Dinge.*

*In meinem* Dankbarkeitsbuch *gibt es auch eine Seite mit meinen Lieblingssongs, eine Seite mit meinen Lieblingsgeräuschen (das Lachen meiner Mutter) oder eine Seite mit meinen Lieblingsempfindungen (eine kühle Brise). Ich halte auch Kleinigkeiten fest: »Brian hat mir angeboten, den Tisch für mich abzuräumen«, oder: »John hat mich heute sogar gegrüßt«. Das tut mir gut. Wenn ich in dem Buch blättere, schaue ich auf die guten Dinge zurück – die schlechten sind weg, vergessen, ausgelöscht. Sie können mir nichts mehr anhaben.*

## Was braucht deine Seele?

Ich habe mich schon oft gefragt, wie es wohl jemandem geht, der sich jahrelang nur von Cola und Schokolade ernährt. Wie würde er aussehen? Und wie würde er sich fühlen? Und was, glaubst du, kommt dabei heraus, wenn du deine Seele ausschließlich mit »Junk-Food« fütterst? Du bist nicht nur, was du isst, sondern auch, was du hörst, liest und siehst. Womit fütterst du deine Seele? Gibst du ihr gesunde Nahrung oder stopfst du sie mit irgendwelchem Schrott voll?

Wir leben in einer Medienwelt, aber oft ist uns das gar nicht mehr bewusst. Versuch doch mal, einen Tag lang auf sämtliche Medien zu verzichten, dann wirst du sehen, was ich meine. Kein Internet, keine Textnachrichten, kein Facebook, kein Instagram, kein Twitter, kein YouTube, kein Google, keine Musik, kein Fernsehen, keine Bücher und keine Zeitschriften ... Du wirst feststellen, dass das praktisch unmöglich ist.

Wenn du glaubst, »Medien« hätten keinen Einfluss auf dich, dann denk nur an deinen Lieblingssong und was er mit deinen Gefühlen macht. Oder nehmen wir die letzten Sneakers, die du dir gekauft hast. Warum gerade diese Marke? War es nicht vielleicht doch der YouTube-Spot neulich, die Instagram-Story eines angesagten Influencers oder die ganzseitige Anzeige in einem Magazin? Das alles kann dir neue Sneakers verkaufen! Ist es dann nicht auch möglich, dass ein Zwei-Stunden-Film, ein Online-Blog oder ein Musikalbum dir ein Lebensgefühl verkauft? Was denkst du?

Die »Medien« haben wie fast alles im Leben eine helle und eine dunkle Seite. Die Entscheidung, was du an dich ranlässt, liegt bei dir. Hör auf dein Gewissen und geh genauso achtsam mit deiner Seele um wie ein Olympia-Sportler mit seinem Körper. Letztlich *wirst* du zu dem, was du siehst, hörst und liest. Frag dich also immer wieder: »Will ich wirklich so sein? Möchte ich, dass das ein Teil von mir wird?«

## Gekochte Frösche

Ob Drogensucht, Klatschsucht, Kaufsucht, Esssucht oder Spielsucht – in einigen Punkten ähneln sie sich alle. Jede Sucht …

- bringt dir nur einen kurzen Genuss,
- betäubt deinen Schmerz nur vorübergehend,
- gibt dir ein flüchtiges, trügerisches Gefühl von Stärke, Macht, Sicherheit und Nähe,
- verschlimmert letztlich die Probleme und Gefühle, die du eigentlich abschütteln willst,
- wird schon bald zum alles beherrschenden Mittelpunkt deines Lebens.

Eine subtile, aber deswegen nicht weniger gefährliche Sucht ist die nach Pornografie – insbesondere, seit sie online jederzeit und überall verfügbar ist. Du kannst über Pornografie sagen, was du willst, tief im Herzen ist dir vermutlich klar: Pornografie mag im Augenblick noch so süß schmecken – langfristig stumpft sie deine Sinne ab, dein Gespür für echte Romantik, für wahre Liebe und andere Menschen. Irgendwann fällt es dir dann sehr schwer, die Stimme in dir zu hören, die wir das Gewissen nennen. Das Problem ist: Mit der Sucht nach Pornografie ist es wie mit allen anderen Abhängigkeiten auch. Sie schleichen sich langsam in dein Leben und werden immer schlimmer. Das erinnert mich an eine Geschichte, die ich über Frösche gelesen habe. Wenn man einen Frosch in kochendes Wasser wirft, springt er sofort wieder heraus. Setzt man ihn aber in lauwarmes Wasser und erhöht die Temperatur langsam, stirbt er. Angeblich schafft er es nicht, rechtzeitig aus dem heißen Wasser zu springen. Mit der Pornografie ist es genauso. Was du dir heute anschaust, hätte dich vor ein paar Wochen vielleicht noch geschockt. Die Temperatur wurde aber so langsam erhöht, dass du gar nicht bemerkt hast, wie du »abgekocht« wurdest.

Hab den Mut, nicht länger hinzuschauen. Mach dir klar: Du brauchst das nicht. Das hat auch der Junge erkannt, der hier über seine Erfahrungen mit Pornografie berichtet:

*Während der Sommerferien arbeitete ich für eine Baufirma. Eines Tages schickte mich mein Chef zum Bauleiter. Er hatte sein Büro in einem Bauwagen. Als ich den Wagen betrat, traute ich meinen Augen kaum: Die Wände waren zugepflastert mit pornografischen Bildern! Ich konnte einfach nicht wegschauen.*

*Nachdem ich wieder draußen war, dachte ich sofort: »Wo bekomme ich solche Bilder?« Ich fand bald einen entsprechenden Laden. Zuerst hatte ich ein komisches Gefühl, wenn ich mir die Bilder anschaute. Ich dachte, ich würde etwas Verbotenes tun.*

*Dann wurde ich aber sehr schnell süchtig nach Pornografie. Ich konnte an nichts anderes mehr denken – nicht an meine Familie, nicht an meinen Job, nicht mal an Schlaf … Ich fing an, meine Selbstachtung zu verlieren.*

*In den Arbeitspausen setzten wir uns immer in irgendein Auto oder einen der Laster. Einer von uns zog dann ein Magazin hervor und wir lachten und unterhielten uns darüber. Den Männern, die süchtig danach waren, reichte es aber nicht, sich einfach nur die Bilder anzusehen. Sie erzählten von all den Mädchen und Frauen, mit denen sie geschlafen hatten. Das war offenbar das Einzige, was ihnen im Leben wichtig war. Ihre Gespräche drehten sich nur um die Magazine, Filme und Sex.*

*Eines Nachmittags hörte ich plötzlich, wie einige meiner Kollegen pfiffen und derbe sexuelle Bemerkungen machten. Dann sah ich, dass meine jüngere*

*Schwester gerade aus ihrem Käfer stieg, um mich auf der Baustelle zu besuchen. Irgendjemand sagte: »Die hätte ich gern mal im Bett!« Ich fuhr ihn wütend an: »Halt gefälligst den Mund! Das ist meine kleine Schwester!«*

*Mir war richtig schlecht. Obwohl noch nicht Feierabend war, stieg ich in mein Auto und fuhr eine Weile einfach so herum. Ich musste die ganze Zeit daran denken, wie verletzt meine Schwester ausgesehen hatte, als sie so abscheulich behandelt wurde.*

*Am nächsten Tag arbeitete ich wieder auf der Baustelle. Als die anderen die Magazine herumreichten, stand ich auf und ging hinaus. Zuerst war das sehr schwer für mich, doch es wurde immer leichter. Wenn das Gespräch primitiv und geschmacklos wurde, ging ich einfach weg. Ich fand das nicht mehr lustig. Mir war klar geworden, dass sie immer über die Schwester von irgendjemandem sprachen.*

## So spielt das Leben!

Zum Abschluss dieses Kapitels möchte ich dir noch etwas Wichtiges mit auf den Weg geben: Alles hat seine Zeit. Es gibt Zeiten für Balance, aber auch absolut stressige Zeiten. Manchmal wirst du mit wenig Schlaf auskommen und an deine Belastungsgrenze gehen müssen. Das kann einen Tag, einen Monat oder auch mal ein ganzes Semester lang so gehen. Hin und wieder ist die Knabbertüte aus dem Automaten das Einzige, was dich vor dem Verhungern rettet. So ist das Leben nun mal. Aber dann gibt es eben auch die Zeit der Erholung und Erneuerung.

Wenn du zu lange voll aufs Gaspedal trittst und rücksichtslos mit dir selbst umgehst, kannst du irgendwann nicht mehr klar denken. Du fühlst dich total überlastet, wirst reizbar und verlierst deine Orientierung im Leben. Vielleicht denkst du jetzt: »Mensch, Sean, ich hab echt keine Zeit, um neben dem ganzen Stress mit der Schule, den

Hausaufgaben und den Hobbys auch noch Yoga zu machen, raus in die Natur zu gehen, mich um meine Freunde zu kümmern und über mein Leben nachzudenken!« Doch in Wahrheit hast du gar nicht die Zeit, es *nicht* zu tun. Die Zeit, die du dafür verwendest, deine Säge zu schärfen, wird sich doppelt und dreifach bezahlt machen! Wenn du anschließend wieder zu deinen alltäglichen Aufgaben zurückkehrst, wirst du viel besser und viel schneller vorankommen.

## Du kannst es!

Du hast deine Säge wahrscheinlich schon oft geschärft, ohne es zu merken. Wenn du für die Schule lernst, tust du etwas für deinen Verstand. Wenn du Sport treibst oder anderweitig für Bewegung sorgst, tust du etwas für deinen Körper. Wenn du deine Freundschaften pflegst oder dich um deine Familie kümmerst, tust du etwas für dein Herz. Wenn du dir Zeit nur für dich allein gönnst, tust du etwas für deine Seele.

Häufig kannst du deine Säge sogar in mehreren Bereichen gleichzeitig schärfen. Melanie hat mir erzählt, dass sie das tut, indem sie lange Ausritte mit ihrem Pferd unternimmt. Beim Reiten trainiert sie ihren Körper. Sie denkt intensiv über viele Dinge nach und stärkt so auch ihren Verstand. Außerdem tut der Aufenthalt in der Natur ihrer Seele gut.

Deine Säge schärft sich nicht von allein. Das Schärfen der Säge ist eine wichtige, aber nicht dringende Q2-Aktivität. Deshalb musst du pro-aktiv sein und dich regelmäßig darum kümmern. Vielleicht reservierst du dir jeden Tag etwas Zeit fürs Sägeschärfen – auch wenn es nur 15 oder 30 Minuten sind. Manche Jugendliche planen jeden Morgen gleich nach dem Aufstehen, nachmittags nach Schulschluss oder abends vor dem Schlafengehen Zeit ein, um allein zu sein, nachzudenken oder Sport zu machen. Andere warten damit lieber bis zum Wochenende. Die einzig richtige Methode gibt es nicht – probier einfach aus, was für dich am besten ist.

## Kleine Schritte

### 1. Körper
Verabschiede dich eine Woche lang von einer schlechten Angewohnheit. Verzichte auf Alkohol, zuckerhaltige Getränke, fettes Essen, Kuchen, Schokolade oder irgendetwas anderes, was deinem Körper schadet. Achte darauf, wie du dich dabei fühlst.

### 2. Verstand
Geh bei deiner nächsten Verabredung in ein Museum oder in ein ausländisches Restaurant, in dem du noch nie warst. Erweitere deinen Horizont.

### 3. Herz
Unternimm etwas mit jemandem aus deiner Familie – beispielsweise mit deiner Mutter oder deiner Schwester. Nur ihr beide! Geht ins Kino, zum Shoppen oder raus in die Natur.

### 4. Seele
Schau dir heute Abend den Sonnenuntergang an, oder steh morgen ganz früh auf, um die Sonne aufgehen zu sehen.

# Gib nicht auf!

## Du kannst Berge versetzen

**Vor** ein paar Jahren hielt der Geistliche Jesse Jackson eine Rede beim Parteikonvent der US-amerikanischen Demokraten. Er vermittelte eine starke Botschaft, die alle mitriss. Sie bestand aus nur fünf Wörtern: »Gebt die Hoffnung nicht auf. Gebt die Hoffnung nicht auf! GEBT DIE HOFFNUNG NICHT AUF!«

Jackson wiederholte diese Worte immer und immer wieder. Wie ernst er es damit meinte, konnte man an seiner Stimme hören. Er riss alle Zuhörer mit, denn er machte ihnen Hoffnung.

Das ist auch der Grund, warum ich dieses Buch geschrieben habe. **Ich will dir Hoffnung machen!** Hoffnung, dass das Leben weitergeht, dass du dich ändern kannst, dass du deine Sucht loswerden kannst und dass du deine Beziehungen zu anderen verbessern kannst. Ich möchte dir Hoffnung machen, dass du deine Möglichkeiten ausleben und dein Potenzial verwirklichen kannst. **Gib nicht auf!**

Falls du dich jetzt von den vielen Tipps und Infos aus diesem Buch ein wenig erschlagen fühlst und du nicht weißt, wo du anfangen sollst, habe ich einen Vorschlag für dich: Blättre die einzelnen Kapitel schnell durch und pick dir die wichtigsten Ideen raus. Frag dich: »Mit welchem Weg tue ich mich am schwersten?« Such dir dann zwei oder drei Dinge aus, die du umsetzen möchtest. Notiere sie auf einem Zettel und leg ihn auf deinen Schreibtisch, tipp sie in dein Smartphone oder mach sie zu deinem Bildschirmschoner. Sorg dafür, dass du diese zwei oder drei Dinge immer im Blick hast. Lass dich von ihnen motivieren – Tag für Tag!

Du wirst erstaunt sein, wie viel ein paar kleine Änderungen bringen. Nach und nach gewinnst du Vertrauen in dich, stärkst dein Selbstbewusstsein, verwirklichst das eine oder andere Ziel, verbesserst deine Beziehungen und fühlst dich mit dir im Reinen. Und das alles beginnt mit einem einzigen Schritt.

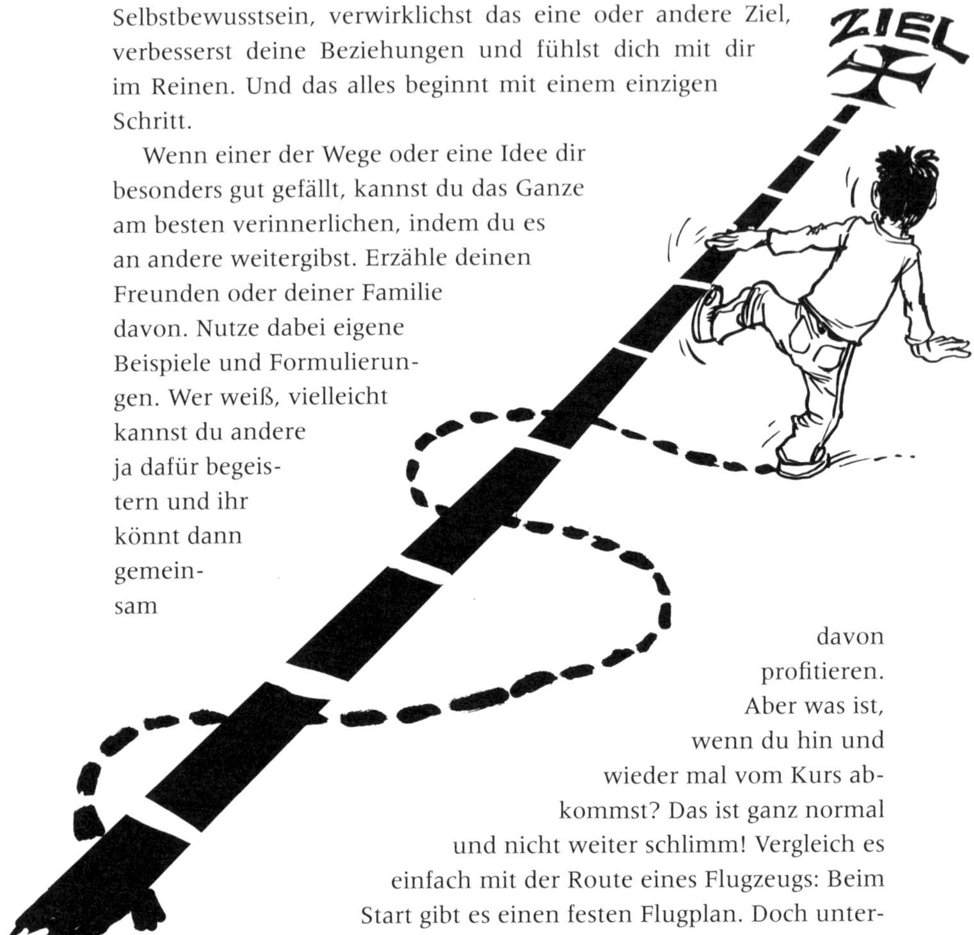


Wenn einer der Wege oder eine Idee dir besonders gut gefällt, kannst du das Ganze am besten verinnerlichen, indem du es an andere weitergibst. Erzähle deinen Freunden oder deiner Familie davon. Nutze dabei eigene Beispiele und Formulierungen. Wer weiß, vielleicht kannst du andere ja dafür begeistern und ihr könnt dann gemeinsam davon profitieren.

Aber was ist, wenn du hin und wieder mal vom Kurs abkommst? Das ist ganz normal und nicht weiter schlimm! Vergleich es einfach mit der Route eines Flugzeugs: Beim Start gibt es einen festen Flugplan. Doch unterwegs wird es durch Wind, Regen, Turbulenzen, andere Flugzeuge oder menschliche Fehler immer wieder vom Kurs abgebracht. Im Schnitt ist ein Flugzeug rund 90 Prozent der Zeit nicht »auf Kurs«! Trotzdem kommt es ans Ziel. Denn die Piloten haben ja ihre Kontrollinstrumente, sind immer in Kontakt mit den Fluglotsen und nehmen ständig kleine Kurskorrekturen vor.

Falls du Schwierigkeiten hast, deinen Flugplan einzuhalten, und 90 Prozent der Zeit das Gefühl hast, nicht »auf Kurs« zu sein, bedeutet das erst mal gar nichts. Du wirst dein Ziel erreichen, wenn du immer wieder zu deinem Plan zurückkehrst, kleine Korrekturen vornimmst und die Hoffnung nicht aufgibst!

Jetzt sind wir also am Ende des Buches angekommen. Danke, dass du die Reise mit mir gemacht hast. Und herzlichen Glückwunsch, dass du durchgehalten hast! Du sollst wissen, dass ich fest an dich glaube. Dir steht eine erfolgreiche und glückliche Zukunft bevor. Die Kraft und das Licht dazu trägst du bereits in dir!

Ich wünsche dir alles Gute.

Dein **Sean**

*Du kannst keine Fußspuren im Sand der Zeit hinterlassen,*
*solange du nur auf deinem Hintern sitzt.*
*Und wer will schon seinen Hintern verewigen?*

## Richtig gute Bücher für Teenager

### Klassiker

*Im fünften Frühling kehrten sie heim*
Irene Hunt

*Betty und ihre Schwestern*
Louisa May Alcott

*Der Zauberer von Oz*
Lyman Frank Baum

*Huckleberry Finns Abenteuer*
Mark Twain

*Der Herr der Ringe. Trilogie*
J. R. R. Tolkien

*Anne auf Green Gables*
Lucy Maud Montgomery

*Der Findling und andere Geschichten aus Prydain*
Lloyd Alexander

*Die Chroniken von Narnia*
C. S. Lewis

*Farm der Tiere*
George Orwell

*Das Tagebuch der Anne Frank*
Anne Frank

*Wer die Nachtigall stört ...*
Harper Lee

*Denn sie sollen getröstet werden*
Alan Paton

*Frühling des Lebens*
Marjorie Kinnan Rawlings

*Das ferne Ufer*
Ursula K. Le Guin

*Von Mäusen und Menschen*
John Steinbeck

*Das rote Siegel*
Stephen Crane

*Der beste Verkäufer der Welt*
Og Mandino

## Neuere Klassiker

*Jagen mit Sounder*
William H. Armstrong

*Insel der blauen Delphine*
Scott O'Dell

*Taschkent ist weit von Lodz*
Tamar Bergman

*Die Nacht*
Elie Wiesel

*Das Mädchen mit dem roten Tuch*
Ji-Li Liang

*Hiroshima*
John Hersey

*Segne mich, Ultima*
Rudolfo Anaya

*Salamancas Reise*
Sharon Creech

*Ich hörte die Eule, sie rief meinen Namen*
Margaret Craven

*Die Farbe von Wasser*
James McBride

*Die Watsons fahren nach Birmingham: 1963*
Christopher Paul Curtis

## Ratgeber

*Mehr Hühnersuppe für die Seele – für Jugendliche*
Jack Canfield, Mark Victor Hansen und Kimberly Kirberger

*Kinder gibt es hier nicht mehr*
Alex Kotlowitz

## Über den Autor

Sean Covey ist New-York-Times-Bestsellerautor und hat mehrere Bücher geschrieben – darunter *Die 6 wichtigsten Entscheidungen für Jugendliche* und *Die 7 Wege zur Effektivität für Jugendliche,* das in 20 Sprachen übersetzt und über fünf Millionen Mal weltweit verkauft wurde.

Sean wurde in Belfast (Nordirland) geboren. Sein Bachelor-Studium in Anglistik schloss er an der Brigham Young University in Utah (USA) mit Auszeichnung ab. Seinen MBA in Betriebswirtschaft machte er an der Harvard Business School. Als Quarterback für die Brigham Young University führte er sein Team in zwei Endspiele und wurde vom amerikanischen Kabelsender ESPN zweimal zum wertvollsten Spieler gewählt.

Sean ist Präsident von FranklinCovey Education und widmet sich der Verbesserung von Bildungsmöglichkeiten auf der ganzen Welt, indem er so vielen Kindern, Lehrern und Schulen wie möglich Führungsprinzipien und -fähigkeiten vermittelt. Zudem ist Sean für die internationalen Partnerschaften von FranklinCovey in über 140 Ländern verantwortlich. Er ist ein erfahrener Redner für Kinder, Jugendliche und Erwachsene und hat in zahlreichen Radio- und Fernsehsendungen mitgewirkt.

Seine Lieblingsbeschäftigungen sind Kinobesuche, Sport, Unternehmungen mit seinen Kindern, Mountainbike fahren und schlechte Gedichte schreiben. Sean und seine Frau Rebecca leben mit ihren Kindern in den Rocky Mountains.

## Über FranklinCovey

FranklinCovey ist ein internationales Beratungs- und Trainingsunternehmen, das auf die Entwicklung von Unternehmens- und Führungskultur spezialisiert ist. Weltweit in 150 Ländern vertreten, berät FranklinCovey mit rund 3500 Beratern in bis zu 40 Sprachen Kunden aller Branchen im Bereich der Organisations- und Personalentwicklung. Dabei ist es das Ziel, deren Unternehmenskultur als strategischen Wettbewerbsvorteil aufzubauen.

### Programminhalte und Angebote

FranklinCoveys Programme wurden über viele Jahre entwickelt und orientieren sich an wissenschaftlich belegten Verhaltensmustern. Die Inhalte sind darauf ausgelegt, Führungskräften und Mitarbeitern prinzipienorientierte Einstellungen und relevante Kompetenzen zu vermitteln und ihnen zu zeigen, wie sie diese anhand von erprobten Werkzeugen umsetzen. Dabei ist das Ziel, Veränderungen auf allen Ebenen zu erreichen und somit die Kultur der Unternehmen nachhaltig zu entwickeln.

### Die Kompetenzfelder von FranklinCovey sind:

- Führung
- Produktivität
- Vertrauen
- Umsetzung
- Vertrieb

## Programmportfolio

FranklinCovey bietet eine große Bandbreite von innovativen, hochwertig ausgearbeiteten Trainingsformaten an, die von klassischen Workshops über Vorträge bis hin zu Online- und Blended-Learning-Konzepten reichen. Neben Firmentrainerausbildungen und IP-Lösungen ist auch die Beratung und Leitung von Change-Projekten enthalten. Für Unternehmen und Organisationen bietet FranklinCovey alle seine Trainingsinhalte und Programme sowie Webinare und Lernvideos auch als All Access Pass™ an.

www.franklincovey.com

# LESEPROBE aus »Die 6 wichtigsten Entscheidungen für Jugendliche« von Sean Covey

## SEI CLEVER: MACH DAS RICHTIGE!

In diesem Buch dreht sich alles um dein Leben, deine Probleme, deine Fragen. Hier geht es um eine einzige Idee: Es gibt sechs große Probleme, die den meisten Teens ziemlich zu schaffen machen! Bei jedem dieser Probleme müssen sie eine Entscheidung treffen. Diese Entscheidungen sind die sechs wichtigsten in der gesamten Teenagerzeit.

Von diesen sechs lebenswichtigen Entscheidungen hängt deine Zukunft ab. Also, sei clever: Mach das Richtige. Du darfst es auf keinen Fall vermasseln!

Und was, wenn doch mal was schiefgeht? Keine Panik! Geh schnell zurück auf den richtigen Weg und fang an, klügere Entscheidungen zu treffen.

## Die 6 wichtigsten Entscheidungen für Jugendliche

1 **Schule** Mittelschule oder Abi? Ausbildung oder Studium? Welchen Weg willst du gehen?

2 **Freunde** Welche Freunde wünschst du dir? Was für ein Freund willst du sein?

3 **Eltern** Was ist mit deinen Eltern? Wie willst du mit ihnen klarkommen?

4 **Dates und Sex** Wen möchtest du daten? Und was ist mit Sex?

5 **Drogen, Alkohol und Co.** Was hältst du vom Rauchen und vom Trinken? Was denkst du über Drogen und Co.?

6 **Selbstbewusstsein** Wie siehst du dich selbst? Was findest du gut an dir?

Hast du schon mal über diese Entscheidungen nachgedacht? Eins ist sicher: Früher oder später wird das auf dich zukommen. Aber keine Angst! In diesem Buch bekommst du alles, damit du kluge Entscheidungen treffen kannst. Durchlesen lohnt sich. Dann musst du später nicht jammern und sagen: »Ach, wenn ich das nur alles gewusst hätte, dann hätte ich mir so viel Stress und Ärger erspart!«

www.stephen-covey.de

ISBN 978-3-86936-969-3